rowohlts monographien

HERAUSGEGEBEN
VON
KURT KUSENBERG

JACK LONDON

IN
SELBSTZEUGNISSEN
UND
BILDDOKUMENTEN

DARGESTELLT
VON
THOMAS AYCK

ROWOHLT

Dieser Band wurde eigens für «rowohlts monographien» geschrieben
Den Anhang besorgte der Autor
Herausgeber: Kurt Kusenberg · Redaktion: Beate Möhring
Umschlagentwurf: Werner Rebhuhn
Vorderseite: Jack London
Rückseite: Tramp
(Beide Vorlagen aus: Georg Stefan Troller, Der Abenteurer.
Fotos von Robert Lebeck, Hamburg.
Bertelsmann Sachbuchverlag, Gütersloh, 1968)

Veröffentlicht im Rowohlt Taschenbuch Verlag GmbH,
Reinbek bei Hamburg, September 1976
© Rowohlt Taschenbuch Verlag GmbH, Reinbek bei Hamburg, 1976
Alle Rechte an dieser Ausgabe vorbehalten
Gesetzt aus der Linotype-Aldus-Buchschrift
und der Palatino (D. Stempel AG)
Gesamtherstellung Clausen & Bosse, Leck/Schleswig
Printed in Germany
680-ISBN 3 499 50244 5

INHALT

Jack London, 1902

Ein alter Goldschürfer, vom heftigen Schneesturm in Alaska erschöpft, sah plötzlich eine Holzhütte vor sich. Er riß die Tür auf, blickte erwartungsvoll auf eine Gruppe von Männern, aber die Männer beachteten ihn nicht. Sie diskutierten und schrien aufeinander ein, sogen an ihren Pfeifen und gestikulierten. Als der alte Goldschürfer hörte, worüber diese Männer mitten in Alaska sprachen, glaubte er, im Schneesturm den Verstand verloren zu haben. Die Männerrunde stritt sich über Fragen des Sozialismus.

Die Legende will es, daß unter diesen Männern der einundzwanzigjährige Jack London saß, ein junger Mann, zu dessen Goldgräberausrüstung Bücher gehörten wie Darwins «Entstehung der Arten», Karl Marx' «Das Kapital» und Miltons «Verlorenes Paradies». Legenden, an denen Jack London mitschrieb, bestimmen bis heute das Bild des Autors. Der Biograph Richard O'Connor behauptet, daß London einige bedeutende Romane und Kurzgeschichten geschrieben habe – aber, so sagt O'Connor, Jack Londons «eigene Lebensgeschichte, seine bewußt geschaffene Legende, war ein noch größeres künstlerisches Werk als alles, was er zu Papier brachte»[1]*. Hat nun London der Legendenbildung wegen sein literarisches Werk vernachlässigt? War das, was O'Connor als «künstlerisches Werk» bezeichnet, Londons Lebensgeschichte, nicht ein narzißtischer Männlichkeitswahn? Vorbild für die freie Entfaltung des ungebrochenen Individuums, Vorbild für Abenteurertum und für die Selbstbehauptung des Einzelgängers in einer unberührten Natur: das war und ist immer wieder Jack London, ein Austernpirat, Weltumsegler, Vagabund der Landstraße, Tramp, Goldgräber, ein freier und nur seinen eigenen Gesetzen gehorchender Mensch, ein Freund der Arbeiterklasse, amerikanische Unbekümmertheit und Lebensoptimismus ausstrahlend, Beispiel dafür, daß ein Arbeiterkind in den Vereinigten Staaten zu Ruhm und wirtschaftlichem Erfolg gelangen kann.

Jack London verstrickte sich in die Legenden um sein Leben und sein schriftstellerisches Werk.[2] Er wurde schließlich sogar ein Opfer der Legendenbildung, ein Mann, der in einem hektischen Lebenstempo und unkontrollierter Intensität seine Fähigkeiten und Begabungen verschleuderte. London, der sich als Sozialist verstand und die Ausnutzung des Arbeiters anprangerte, beutete sich in seinen letzten Lebensjahren selbst aus.

Wenige Jahre nach Jack Londons Tod im Jahre 1916 notierte sich Upton Sinclair: «Wie oft mußte ich mir voller Trauer sagen, daß Ame-

---

* Die hochgestellten Ziffern verweisen auf die Anmerkungen S. 131 f.

rika Jack London zerbrochen hat, ebenso wie Mark Twain.»[3] Upton Sinclair, einer der Lieblingsautoren Bertolt Brechts, setzte sich dafür ein, daß die Legenden um den Abenteurer und Schiffsjungen, den Goldgräber und Tramp, der sich zum höchstbezahlten Schriftsteller der Vereinigten Staaten hochboxte, nicht mehr im Vordergrund standen. Er nannte London einen tieftraurigen Menschen. Für ihn war er ein «bitter, grausam leidender» Schriftsteller.[4] «Seine lebendigen, tiefgefühlten sozialistischen Essays machen aus ihm eine der großen revolutionären Gestalten unserer Zeit»[5], schrieb Upton Sinclair. Doch hier wurde bereits wieder eine neue Legende aufgebaut: die Legende um den großen Revolutionär Jack London.

Joan London, Jack Londons Tochter, unterstützte 1939 in ihrem Buch «Jack London and His Times» die Thesen Upton Sinclairs. Sie stellte ihren Vater inmitten einer Umwelt dar, die ihn als Person und als Schriftsteller vernichtete und die den Zerfall der von ihm unterstützten Arbeiterbewegung vorantrieb. Nach Joan London ist ihr Vater von dem Kulturanspruch der Amerikaner erpreßt worden, da diese von ihrem Lieblingsautor nur öffentliche Aussagen duldeten, die sie in seine Schriften hineininterpretiert hatten. Jack London verstieß aber gegen dieses ungeschriebene Gesetz, als er sich in Reden und Aufsätzen immer wieder zu sozialistischen Ideen bekannte und Kapitalismus als unmenschlich anprangerte.

Ist Jack London also, wie Upton Sinclair und Joan London behaupten, ein Opfer Amerikas, eines Landes, das ihm den Glauben an die alles überwältigende Kraft des Emporkömmlings gegeben hatte und das ihn dann, nachdem er Anerkennung und Ruhm als Schriftsteller gefunden hatte, zur Anpassung und zum Konformismus zwang, zur Resignation schließlich und sogar zum Selbstmord? Dieses ist eine mögliche Deutung eines an Widersprüchen reichen Lebens, eines Lebens, das sich auch auf die Formel bringen läßt: «Man kann kaum sagen, daß die Gesellschaft Jack London eine Falle gestellt hätte, in die er so prompt hineingerutscht wäre. Eher könnte man es so ausdrücken: er ist hineingeflüchtet.»[6]

Jack London ist eine der zentralen literarischen Gestalten Amerikas um die Jahrhundertwende, ein Volksschriftsteller, ein Nachfahre und Nachahmer der großen Moralisten aus der zweiten Hälfte des 19. Jahrhunderts, die alle auch Züge genialer Scharlatane trugen. Londons Wesen und Werk bestehen aus lauter Widersprüchen. Neben Sozialromantik findet sich die Vorausschau amerikanisch-europäischer Zukunft. Der präzisen Beschreibung des Arbeiterlebens steht die Lehre vom Überleben des Tüchtigsten, das Lob der Muskelkraft und Männlichkeit, zur Seite. Die Ideen der Sozialisten werden von London mit darwinistischen Vorstellungen verbunden. Auf spannende Erzählungen in farbiger, anschaulicher, bilderreicher Sprache folgten bei ihm belanglose

Mit seiner Tochter Joan. Oakland, um 1912

Auftragsarbeiten für Zeitungen, Zeitschriften und Verlagshäuser. Aus seiner Arbeitswut machte der Romancier eine Zwangsjacke. Die epische Leidenschaft rettete zwar viele seiner Hauptwerke, doch zugleich wurde der Autor gegenüber seiner Massenproduktion kritiklos. Er schrieb oft nur, um sein selbstgesetztes Soll von einhundert Zeilen pro Tag zu erfüllen.

Jack London war vierzig Jahre alt, als er Selbstmord beging. Innerhalb von sechzehn Jahren hatte er neunzehn Romane, achtzehn Sammelbände mit Kurzgeschichten und acht autobiographische sowie soziologische Schriften publiziert. Er schrieb einen der ersten proletarischen Romane in den USA: *The Iron Heel (Die eiserne Ferse)*, er war Sozialist, und er müßte dennoch nach dem Urteil, das er über seine Romanfigur Martin Eden fällte, kein Sozialist gewesen sein. *Wäre Martin Eden ein Sozialist gewesen, so hätte er keinen Selbstmord begangen* [7], schrieb er. Doch Jack Londons Leben und seine Schriften sprechen dagegen, daß dieses Urteil undifferenziert auf den Autor des Romans übertragen werden kann. London war einer der ersten amerikanischen Schriftsteller, die die Arbeiter, aus eigener Erfahrung, mit Sympathie und Zuneigung darstellten. Als London sich alt fühlte, Reichtum um sich anhäufte, müde und verwirrt war, vergaß er seine Lektionen aus der sozialistischen Bewegung und seine Erfahrungen als Arbeiter, die er 1913 in dem autobiographischen Roman *John Barleycorn (König Alkohol)* als entscheidenden Anstoß zu seinem Leben und Denken würdigte: *Während meiner Wanderung durch die Vereinigten Staaten ging mir bald eine neue Erkenntnis auf. Als Vagabund befand ich mich hinter den Kulissen der Gesellschaft – ja, ganz unten im Maschinenkeller. Ich sah, wie die Schwungräder der sozialen Maschinen sich drehten, und erkannte, daß es sich mit der Würde körperlicher Arbeit doch etwas anders verhielt, als Lehrer, Geistliche oder Politiker mir erzählt hatten. Leute ohne Fachausbildung waren hilflos wie das liebe Vieh. Lernte aber jemand ein Handwerk, so war er genötigt, einer Gewerkschaft beizutreten, um in seinem Fach überhaupt Arbeit zu finden. Und die Gewerkschaft war wieder genötigt, die Arbeitgeberverbände einzuschüchtern und auf sie loszuschlagen, um die Löhne hinauf- und die Arbeitszeit hinunterzusetzen. Die Arbeitgeberverbände machten es ihrerseits umgekehrt. Wo blieb da die Würde? Ich konnte sie beim besten Willen nicht entdecken. Und wenn ein Arbeiter alt wurde oder zu Schaden kam, so flog er auf den Müllhaufen wie eine ausgediente Maschine. Ich sah zu viele, die ihr Leben ganz anders als würdig beendeten.* [8]

«Würde», oder unpathetischer gesagt: Selbstbewußtsein wollte Jack London den arbeitenden Menschen mit seinen Schriften zurückgeben, indem er sie heroisierte oder realistisch beschrieb. Er wehrte sich dagegen, daß er wegen seiner spannenden und brutalen Darstellungen bewundert wurde. Er wollte vielmehr zeigen, daß Auseinandersetzungen um Ideen und soziale Fragen ebenso spannend zu erzählen sind wie Handlungen und daß Nietzsches Gedanken sowie naturwissenschaftliche Erkenntnisse allgemeinverständlich in Romanen und Erzählungen abgehandelt werden können. Möglicherweise, so schrieb Joan London, spielt Jack Londons Werk in der amerikanischen Literatur keine Hauptrolle. Aber, so hoffte sie, London wird «für alle diejenigen wichtig sein, die auf seine Herausforderung reagieren, die hieß: ‹Steh dem Leben positiv gegenüber! Nimm politisch Stellung!› Wichtig wird sein Werk für diejenigen sein, die die sozialen Ideen verwirklichen wollen, die er formulierte. Die Kundgebung dieser Ideen war Jack Londons wichtigste und größte Leistung.»[9]

Hat die Tochter an einer neuen Legende um Jack London gearbeitet? Diese Frage gilt es zu untersuchen. 1947 sagten die amerikanischen Historiker Addes und Thomas über die Geschichtsschreibung in den USA: «Wenn es ein vorherrschendes gemeinsames Kennzeichen für Bücher über die amerikanische Geschichte gibt, dann ist es dies: es sind keine Geschichten des Volkes. Geschichten der Generale, der Diplomaten, der Politiker gibt es viele; Geschichten des Volkes – der ganz gewöhnlichen Menschen – sind selten. Dies ist kein Zufall. Es ist Teil der großen Verschwörung, die einen eisernen Vorhang zwischen das Volk und seine Vergangenheit zieht.»[10] Dieser «eiserne Vorhang» läßt sich aber nicht für die amerikanische Literatur nachweisen. Rebecca Harding Davis schrieb 1861 realistisch über das Leben von Industriearbeitern. Weitere Autoren wie Elizabeth Stuart Phelps in «The Silent Partner», Edward Bellamy in «Looking Backward», William Dean Howells in «A Traveler from Altruria» und Mark Twain in Reden wie «Knights of Labor – The New Dynasty» äußerten sich über das Alltagsleben der amerikanischen Bevölkerung. Auch Stephen Crane und Frank Norris stellten in ihren Romanen das Leben Amerikas im 19. Jahrhundert realistisch dar. Aber erst Jack London machte einige seiner Schriften zur Anklage gegen wirtschaftliche Ungerechtigkeiten, zum Aufruf, das Wirtschaftssystem der USA zu verändern, so daß die Gewerkschaftszeitung «New Masses» in einem Nachruf feststellte: «Ein proletarischer Schriftsteller muß nicht allein über die Arbeiterklasse schreiben, er muß auch von ihr gelesen werden. Ein wahrer proletarischer Schriftsteller muß nicht nur seine Erfahrungen als Arbeiter zur Grundlage seiner Schriften machen. Er muß auch im Geist der Empörung schreiben. Jack London war ein wahrer proletarischer Schriftsteller – der erste und bisher einzige begabte proletarische Schriftsteller Amerikas. Alle Arbeiter, die lesen, lesen Jack London. Er ist der einzige Autor, den alle Arbeiter gelesen haben: Fabrikarbeiter, Landarbeiter, Seeleute, Bergleute, Zeitungsjungen, sie alle lesen ihn immer wieder. Er ist der populärste Schriftsteller der amerikanischen Arbeiterklasse.»[11]

Der radikalste und erfolgreichste Autor seiner Zeit: diese Attribute wurden und werden Jack London zugesprochen. Zugleich gab es aber auch literarisch-ästhetische Urteile wie «gefühlsselig» und «abgeschmackt»[12], die sich bis heute erhalten haben. Zwei Literaturtheorien stehen sich hier in der Beurteilung Jack Londons gegenüber. Einerseits wird die unvermittelte Herleitung literarischer Produkte aus materieller Basis als Maßstab gewählt, andererseits urteilt der Kritiker aus der Meinung heraus, daß es ein Reservat für «Kunst» gäbe, dessen Gesetze Jack London verletzt habe. Literatur als relativ verselbständigter Gegenstand – oder ist sie Spiegel und Wirkkraft des gesamtgesellschaftlichen Arbeitsprozesses? «Wenn man sich darauf einigt, daß es Schönes auch ohne Widerspiegelungsfunktion geben kann», sagte Fritz J. Raddatz in seiner Einleitung zu der Dokumentation «Marxismus und Literatur», «dann muß man sich noch keineswegs auf ein System der Wertindifferenz, der Beliebigkeit geeinigt haben. Hinter dem Genuß – also der ästhetischen Empfindung – beispielsweise einer runden Form, eines harmonischen Klangs, der Symmetrie kann eine Art Wiedererkennen des Lebens und bestimmter Gesetzmäßigkeiten stehen. In diesem Sinne mag Kunst eine ‹Funktion› haben und, wenn sie die Beziehung zwischen Lebenserlebnis und Formvision ausbalanciert, zur Einsicht in Zusammenhänge führen, zu gesellschaftlicher Relevanz. Diese Form des Wiedererkennens kann auch Utopie oder Hoffnung heißen; es ist jene Art Transparenz, von der Bloch im 17. Kapitel des ‹Prinzips Hoffnung› – jenem Kapitel, das er der utopischen Phantasie widmet – sagt: ‹Der Mensch ist nicht dicht›. Tränen, Tagträumen, Ausfabeln von Phantasie, Gären und Brausen oberhalb des gewordenen Bewußten – das ist der Raum oder Hohlraum – in dem Mögliches, also auch Kunst, entsteht, Produkt eines militanten Optimismus.»[13] Hier ist eine Formel gefunden, die eine Interpretation Jack Londons jenseits aller Legendenbildung möglich macht: «militanter Optimismus». Der Materialist Jack London, der immer wieder seinen Idealismus enthüllte, schrieb 1906, nach einigen Jahren großen literarischen Erfolgs, über seine Entwicklung: *Ich ging wieder zur Arbeiterklasse zurück, in der ich geboren wurde und zu der ich gehöre. Ich will nicht länger auf der Erfolgsleiter hochklettern. Das imposante Gesellschaftsgebäude über mir hat keine Vergnügen mehr für mich. Mich interessiert das Fundament des Gebäudes. Dort möchte ich arbeiten, das Brecheisen in der Hand, Schulter an Schulter mit Intellektuellen, Idealisten und klassenbewußten Arbeitern, um das ganze Gesellschaftsgebäude zu erschüttern. Eines Tages, wenn wir mehr Hände und Brecheisen besitzen, werden wir es umstürzen mit all seinen verfaulten Lebensformen, seinen monströsen Egoismen und seinem aufgedunsenen Materialismus. Dann werden wir den Keller reinigen und ein neues Wohnhaus für die Menschheit einrichten, in dem es keine abgetrennten Salons für die Reichen gibt. In dem neuen Haus werden alle Räume hell und klar sein. Und die Luft, die man dort at-*

met, soll rein sein ... Ich bewahre meinen Glauben an die Würde und die Güte des Menschen. Ich glaube, daß geistige Freiheit und Selbstlosigkeit jene unermüdliche Warenproduktion und Gefräßigkeit unserer Tage ablösen wird.[14]

John London

KINDHEIT

Am 12. Januar 1876 wurde Jack London in San Francisco, Kalifornien, geboren. Sein Vater, William Henry Chaney, ein umherziehender Astrologe, schrieb für Zeitungen und verdiente mit Horoskopen Geld. Flora Wellman, Jack Londons Mutter, beteiligte sich an spiritistischen Sitzungen. Sie lebte nur kurz mit William Chaney zusammen. Als Jack, ihr Sohn, acht Monate alt war, heiratete sie den Land- und Fabrikarbeiter John London. Von ihm erhielt Jack den Nachnamen London.

William Henry Chaney, 1821 geboren, stammte aus Chesterville, Maine. Er bestritt, daß er der Vater Jack Londons sei. Doch nichts spricht für diese Behauptung. Flora Wellman erklärte stets, daß Chaney der Vater ihres Kindes wäre. Als Einundzwanzigjähriger schrieb Jack London dem damals fünfundsiebzigjährigen Chaney. Er wollte eine Bestätigung erhalten, daß Chaney sein Vater sei. Chaney antwortete aus Chicago: «Ich habe Flora Wellman niemals geheiratet. Sie lebte mit mir vom 11. Juni 1874 bis zum 3. Juni 1875 zusammen. Zu der Zeit war ich impotent, ein Resultat vieler Not und zu harter geistiger Arbeit. Deshalb kann ich nicht Ihr Vater sein. Ich weiß auch nicht, wer Ihr Vater ist.»[15]

*Die Mutter:
Flora London,
geb. Wellman*

Jack Londons Mutter, Flora Wellman, 1843 in Massilon, Ohio, geboren, wuchs im Gegensatz zu Henry Chaney wohlbehütet auf. Ihr Vater, ein reicher Kaufmann, verlor große Teile seines Vermögens, als Flora zehn Jahre alt war. Dennoch erhielt die Tochter Klavier- und Schulunterricht. Ihr wurden Bücher gekauft und Kleider aus New York besorgt. Mit sechzehn Jahren verließ Flora ihr Elternhaus und lebte bei ihren verheirateten Schwestern. Ende 1871 gab sie in Seattle Klavierstunden. Ein Jahr später reiste sie nach San Francisco. Dort traf sie auf den über zwanzig Jahre älteren Chaney.

Chaney, der den Beinamen «Professor» trug, hatte bereits als Kind seine Eltern verloren und sich zeitlebens durchschlagen müssen. Flora, die sich für Spiritismus und Wahrsagerei interessierte, verliebte sich in den vagabundierenden Astrologen. Das Paar bezog in San Francisco eine Wohnung. Doch am 4. Juni 1875 meldete die Zeitung «Chronicle», daß Chaney unter dramatischen Umständen seine Frau aus dem Haus gejagt habe. Als Grund wurde genannt, daß Flora sich Chaneys Forderungen verweigerte, ihr noch ungeborenes Kind zu «töten». Flora habe darauf zwei Selbstmordversuche begangen, konnte jedoch von Freunden gerettet werden. Die Zeitung berichtete weiter, daß Flora und Chaney zu einer kleinen Gruppe radikaler Spiritisten gehörten, die die freie Liebe lehrten.

Ein Jahr später, am 7. September 1876, heiratete Flora Wellman in San Francisco den aus Pennsylvania stammenden John London, einen Mann von über vierzig Jahren, der zwei Töchter mit in die Ehe brachte. Flora unterschrieb die Heiratsurkunde als Flora Chaney. Ihrem Sohn wurde der Name John Griffith London gegeben, aber er wurde Jack gerufen.

John London arbeitete als Tischler und bald darauf als Verkäufer von Nähmaschinen. Doch die Vereinigten Staaten gerieten in eine Wirtschaftskrise. Nähmaschinen ließen sich nicht mehr verkaufen. John London eröffnete in Oakland einen Kolonialwarenladen. 1880 siedelte die Familie auf eine Farm nach Alameda über. Jack London schrieb später über seine Kindheit: *Meine Zeit vom vierten bis zum neunten Lebensjahr verbrachte ich auf Bauernhöfen in Kalifornien. Mit fünf Jahren lernte ich zu lesen und zu schreiben. Allerdings weiß ich nicht mehr,*

PROF. W. H. CHANEY,

PRINCIPAL OF

College of Astrology

AND KINDRED SCIENCES.

~~Park Avenue~~

CHICAGO, ILL.

2829 CALUMET AVE,

Prices for Nativities:

Oral Delineation, $1   Written, $5. Upward.

Date of Birth should include Sex, Place of Birth, Day of
the Month, and Hour, as near as possible, as when
date of birth can be given CORRECTLY a personal interview is not necessary.

wie mir diese Fähigkeiten beigebracht wurden. Ich konnte immer schon lesen und schreiben.[16]

1881 wurde Jack London eingeschult. Er las bald Autoren wie Horatio Alger und Washington Irving sowie Abenteuergeschichten. In dem ländlichen Distrikt gab es nur wenige Spielkameraden für ihn. Seine Stiefschwestern Eliza und Ida waren um Jahre älter als er. Von seiner Mutter zog er sich zurück, weil sie leicht zu hysterischen Ausbrüchen neigte. Die Mutter kümmerte sich nur wenig um seine Erziehung und überließ diese Aufgaben der Negerin Jenny Prentiss, die für die Londons arbeitete, oder Eliza. Zuneigung faßte Jack London zu seinem Stiefvater, der ihn zur Jagd mitnahm und mit dem er über Ackerbau und Landarbeit sprechen konnte. Im Rückblick wurde für Jack London diese Zeit später ein Leben in Armut. Tatsächlich lebten die Londons aber nicht am Rande des Existenzminimums. Sie hatten, wie ihre Nach-

17

Jack, 10 Jahre alt. 1886

barn, ihr Auskommen. Armut sollte Jack London erst nach der Rückkehr in die Stadt kennenlernen. Als er zehn Jahre alt war, zog seine Familie nach Oakland zurück. John London mußte seine Farm aufgeben,
nachdem Flora ihn zu Spekulationen verführt hatte, die seine Mittel
überstiegen. In Oakland mieteten die Londons ein Haus und eröffneten
eine Pension, in der sie zwanzig schottische Fabrikarbeiterinnen beher-
bergten. Nach kurzer Zeit verlangte eine Bank die Rückzahlung von
Hypotheken, und das Ehepaar London mußte seine Pension aufgeben.
John London war arbeitslos. Der elfjährige Jack sollte zum Lebensunterhalt der Familie beisteuern. Er trug Zeitungen aus.

Flora und John London zogen in ein ärmeres Viertel der Stadt um.
Die Negerin Jenny Prentiss, Mammy Jenny genannt, wohnte nicht weit
entfernt. Zu ihr flüchtete sich Jack regelmäßig, denn zwischen seinen
Eltern kam es immer wieder zu Streitigkeiten, die im wesentlichen von

Flora provoziert wurden. Jacks Bindungen an die Familie nahmen aber nicht nur wegen der häuslichen Auseinandersetzungen zwischen den Eltern ab, sondern auch, weil die Stiefschwester Eliza, der er vertraute, nicht mehr zu Hause lebte. Sie hatte, noch nicht zwanzig Jahre alt, einen über vierzigjährigen Witwer mit drei Kindern geheiratet.

Der liebste Fluchtplatz und Aufenthaltsort für Jack London war bald die Bibliothek von Oakland. Hier traf er auf eine verständnisvolle Bibliothekarin, Miss Ina Coolbrith, eine Schriftstellerin. Sie wies ihn auf Abenteuer- und Reisebücher hin. Ebenso machte sie ihn aber auch auf Flaubert, Melville, Tolstoj und Dostojevskij aufmerksam. Jack London nannte Ina Coolbrith später *Göttin meiner Kindheit*. Sie half ihm, sich autodidaktisch zu bilden. Bis zum siebzehnten Lebensjahr besuchte London ständig die Bibliothek in Oakland, besessen von seinem Lesehunger.

Morgens, vor der Schule, mußte der elfjährige Jack Zeitungen austragen. Nach der Schule verkaufte er wieder Zeitungen. Am Wochenende verdiente er sich auf Kegelbahnen oder als Eisverkäufer Geld. In den Kneipen von Oakland traf er auf Männer, die er einige Jahre später zu Hauptfiguren seiner Romane und Erzählungen machte: Walfänger aus der Arktis, Seeleute und Schmuggler, Jäger und Austernpiraten, Fischer und Vagabunden, Arbeiter. Oakland, am Ostufer der elf Kilometer breiten San Francisco-Bai gelegen, hatte ein theologisches Seminar, eine Militärschule, eine Frauenhochschule, das Chabot-Observatorium, zeichnete sich aber besonders dadurch aus, daß es Endpunkt der Central Pacificbahn war und Industrieansiedlungen besaß. Große Docks gab es, Kornspeicher, Fabriken für Sägeholz und Jute. Ein starker Küstenverkehr brachte ständig Seeleute in die Stadt, die um die Jahrhundertwende 66 700 Einwohner zählte. Dampffähren hielten die Verbindung mit San Francisco aufrecht. Alameda, südlich gelegen, und Berkeley, nördlich sich ausdehnend, verwuchsen mit Oakland zu einem großen Stadtgebilde.

Jack London, ein arbeitendes Kind in zerschlissener Kleidung, behielt zeitlebens die Mühen, Armut und den Hunger der frühen Jahre in Oakland in Erinnerung. 1906 schrieb er eine Erzählung über einen Jungen, der zum Broterwerb der Familie beitragen muß und deshalb nicht zur Schule gehen kann: *Es gab keine Freude in seinem Leben. Er sah niemals den Ablauf der Tage. In der Nacht schlief er mit unbewußten Zuckungen. Den Rest der Zeit arbeitete er. Sein Bewußtsein war zu einem Maschinenbewußtsein geworden. Sein Verstand blieb ungenutzt. Er hatte keine Ideale, aber Illusionen ... Er war ein Arbeitstier. Er hatte nicht die geringsten geistigen Regungen.*[17]

In der Erzählung *The Apostate (Der Ausreißer)* zeichnete der Autor eigene Erfahrungen nach. Wie seine jugendliche Hauptfigur verließ auch Jack London früh die Schule. Mit dreizehn Jahren beendete er die

Grundschule. Von nun an wurde er ganz in den Arbeitsalltag einge-
spannt. *Früh war er zum Mann geworden, heißt es in der Erzählung,
mit sieben Jahren, als er seinen ersten Lohn erhielt, hatte seine Jugend
begonnen. Die Beziehung zu seiner Mutter hatte sich verändert, und ein
unbestimmtes Gefühl von Unabhängigkeit und die Tatsache, daß er
Geld verdiente, verwischten die Beziehungen zwischen den beiden. Zum
Mann wurde er mit elf Jahren, damals arbeitete er sechs Monate lang in
der Nachtschicht, und kein Kind bleibt bei einer solchen Arbeit ein
Kind.*[18]

Noch im Jahre 1900 gab es fast zwei Millionen Kinder unter sechzehn Jahren, die einer bezahlten Beschäftigung in den USA nachgingen.
Ein Großteil dieser arbeitenden Kinder war auf dem Lande tätig. Die
Überforderten litten oft unter Gesundheitsschäden. Die schlimmsten
Zustände herrschten aber in Fabriken. Erst 1905 erließ die amerikanische Regierung Kinderarbeitsgesetze, die einige Verbesserungen brachten. Die Gesetze zur Regelung der Kinderarbeit konnten aber nicht
leicht durchgesetzt werden, denn sie richteten sich gegen die Interessen
der Fabrikanten, gegen die Interessen vieler Eltern, aber auch gegen eine
konservative Rechtsprechung, die kaum für die Belange der arbeitenden
Bevölkerung eintrat, und gegen eine Verfassung, die aus einem vergan-
genen Landwirtschafts- und Handelszeitalter stammte. Die Vereinigten
Staaten hatten sich Ausgang des 19. Jahrhunderts aber längst schon zur
Industrienation entwickelt. 1859 besaßen die USA 140 433 Industriean-
lagen in ihrem Land, 1869 bereits 252 148 und um 1900 mehr als eine
halbe Million. Die Anzahl der Fabriken vervierfachte sich also in diesen
vierzig Jahren. Auch die Zahl der Industriearbeiter stieg ständig. Während des Bürgerkriegs (1861–65) nahm die Industrie unter den Kriegs-
einflüssen einen raschen Aufstieg. 1820 gab es 350 000 Industriearbeiter, 1860 schon zwei Millionen, um 1890 dann über sechs Millionen.
1910 hatte sich die Zahl auf annähernd zwölf Millionen erhöht. Die
wachsende Nachfrage nach Arbeitskräften förderte die Kinderarbeit.
Aber mehr noch als durch Kinderarbeit wurde das ständig wachsende
Defizit an Arbeitskräften durch Einwanderer ausgeglichen. Zwischen
1860 und 1910 siedelten insgesamt 23 Millionen Einwanderer in die
Vereinigten Staaten von Amerika über.

Die industrielle Expansion veranlaßte den Kongreß, 1864 ein Ar-
beitsvertragsgesetz (Contract Labor Law) zu verabschieden. Danach
konnten die Industriellen Arbeitskräfte in die Vereinigten Staaten «im-
portieren» und den Arbeitslohn für ein Jahr zurückbehalten, um auf
diese Weise die Erfüllung des Vertrags durch die Arbeitnehmer zu ga-
rantieren. Die Industriellen wurden in jeder Hinsicht von der Gesetzge-
bung unterstützt und geschützt. Langsam schlossen sich daher Arbeiter
zusammen, um für sich bessere Arbeitsbedingungen zu erkämpfen.

Über die Erfahrungen des jugendlichen Arbeiters Jack London

Arbeitssklaven – schon in jungen Jahren

schreibt der Biograph Irving Stone: «Jack war damals noch nicht fünfzehn. Die Familie lebte in einem alten, jeglicher sanitären Einrichtung
baren, äußerst verschmutzten Haus an der Bucht. Jacks Kleider waren
zerlumpt, sein Leib und sein Kopf litten unter einem dauernd nagenden
Hunger. Endlich fand er in einer Konservenfabrik, die in einem an der
Bahn gelegenen verlassenen Stall untergebracht war, feste Arbeit, die
mit 10 Cents die Stunde bezahlt wurde. Das kürzeste Tagespensum
waren zehn Stunden; manchmal arbeitete er achtzehn oder zwanzig

Stunden. Es gab Sonnabende, wo er erst gegen Mitternacht Schluß machte. Dann hatte er noch einen langen Heimweg; zu fahren konnte er sich nicht leisten. Eine halbe Stunde nach Mitternacht sank er ins Bett, um halb sechs Uhr morgens rüttelte ihn Flora aus dem Schlaf und versuchte ihm die Decke wegzuziehen, an der er sich, halbwach, verzweifelt festklammerte.»[19]

Monatelang fügte sich Jack London der Arbeitsroutine in der Konservenfabrik. Im Alter von fünfzehn Jahren rebellierte er aber. Er hatte von Austernpiraten gehört, die in der Bucht von San Francisco Austernbänke ausraubten und ihre Ware zu hohen Preisen in Oakland verkauften. Austernpirat wollte auch Jack London werden. Hier ließ sich das Geld leichter verdienen. Die Familie war nach einem Arbeitsunfall John Londons mehr denn je auf das Einkommen des Sohnes angewiesen. Als Jack erfuhr, daß einer der älteren Austernpiraten seine Schaluppe «Razzle Dazzle» verkaufen wollte, borgte er sich von Mammy Jenny 300 Dollar und kaufte das Schiff. In der nächsten Nacht machte er seinen ersten Beutezug. Er war der jüngste Kapitän unter den Austernpiraten und mußte bald um seine Stellung kämpfen, zumal sich die sechzehnjährige Freundin eines Piraten in ihn verliebte und an seinen Fahrten teilnahm.

Ein Jahr lang raubte Jack London die Austernbänke in der Bucht von San Francisco aus. Er mußte sich vor der Polizeistreife verbergen und gegen seine Kollegen durchsetzen. Oft verdiente er mit seinen Beutezügen 180 Dollar in einer Nacht. Bald erhielt er den Beinamen «Prinz der Austernpiraten». Er begann zu trinken. Betrunken schwamm er einmal weit in die Bucht hinaus, wollte Selbstmord begehen, wurde aber bald vom kalten Wasser ernüchtert und kämpfte stundenlang um sein Leben. Ein Fischer rettete ihn vor dem Ertrinken.

Der Austernpirat Jack London erhielt von der Polizei ein Angebot, für sie zu arbeiten. Er sollte ein Boot der Fischerei-Streife übernehmen, da er sich in den Gewässern und mit den Gepflogenheiten der Austernräuber auskannte. Monatelang fuhr er im Dienst der Polizei, jener Polizei, die er bisher gefürchtet hatte. Er arbeitete gegen seine früheren Verbündeten, gegen die Schmuggler und Austernpiraten. 1905 publizierte er unter dem Titel *Tales of the Fish Patrol (Austernpiraten)* Geschichten über seine Polizistenzeit. *Man findet hier, manchmal angedeutet, manchmal direkt erzählt, manchmal verändert die Tage meiner Kindheit* [20], schrieb London in ein Exemplar des Erzählungsbandes. Die Arbeit auf dem Polizeiboot behagte ihm nicht lange. Im Januar 1893 heuerte er als Matrose auf der «Sophie Sutherland» an, einem Achtzig-Tonnen-Segler, der nach Korea, Japan und Sibirien fuhr. Anfangs als kleiner Junge mißachtet, setzte sich London mit List und auch mit Schlägen an Bord des Schiffes durch. Für sieben Monate verrichtete er Dienst als Matrose und Robbenfänger, ehe er nach Oakland zurückkehrte, seine hungernde Familie aufsuchte und seinen Verdienst der Mutter überließ. Einige Tage lang las er wieder in der Bibliothek von Oakland. Dann suchte er in einer Umwelt von Arbeitslosigkeit einen Job.

1893 war das Jahr einer tiefen wirtschaftlichen Depression in den USA. Ein zu großer Export und ein Übermaß an industrieller Produktion, Aktienmanipulation und rücksichtsloser Spekulation trieb das Land in eine Wirtschaftskrise. Über sechshundert Banken stellten innerhalb des Jahres ihre Zahlungen ein.

Die organisierte Arbeiterschaft, die sich gegen Gehaltskürzungen und Verschlechterung der Arbeitsbedingungen wehrte, bekam den Widerstand der Bundesregierung zu spüren. Die Ausnutzung des Sherman-Antitrustgesetzes durch den Präsidenten Cleveland zur Brechung des Pullman-Streiks 1894 und die «damit verbundene, höchst fragwürdige, wenn nicht sogar verfassungswidrige Entsendung von Regierungstruppen nach Illinois gegen den Widerstand des mutigen Gouverneurs John P. Altgeld brachten die Regierung endgültig auf die Seite der kapitalistischen Kreise» [21].

Drei Millionen Arbeiter fanden 1893 keinen Arbeitsplatz. Tausende standen Schlange, um Tätigkeiten für 10 Cents die Stunde zu verrichten. Jack London fand in einer Jutemühle Beschäftigung. Für zehn Stunden Arbeit am Tag erhielt er einen Dollar Lohn. Mit ihm arbeiteten Kinder, die für dieselbe Arbeitszeit etwas über 30 Cents einnahmen. In dieser Zeit publizierte London seine erste Erzählung in der Zeitung «San Francisco Call». Das Blatt hatte einen Wettbewerb ausgeschrieben, den London mit seiner Geschichte *Story of a Typhoon off the Coast of Japan (Taifun vor der japanischen Küste)* gewann. London, der in dieser Zeit den Plan faßte, Schriftsteller zu werden, bezog sich auf Erlebnisse seiner Reise mit der «Sophie Sutherland». Der Rückgriff auf die eigene unmittelbare Erlebniswelt bestimmte Jack Londons literarische Arbeit, bis auf wenige Ausnahmen, immer wieder. Gerne färbte der Autor diese Erinnerungsbilder mit Romantizismen, später mit Literaturkenntnissen und naturwissenschaftlichen und soziologischen Theorien.

Der ausgesetzte Preis von 25 Dollar spornte London an. Er schickte von nun an Erzählungen, die er nachts nach der Arbeit schrieb, an Zeitungen und Magazine. Seinen Arbeitstag verlängerte er auf achtzehn Stunden. Seine Ersparnisse gab er für Briefmarken aus, um die Erzählungen expedieren zu können. Er blieb jedoch erfolglos. Auf seine Briefe erhielt er fast niemals Antwort.

Jetzt wollte Jack London ein Handwerk erlernen. Er beschloß, Elektrotechniker zu werden und meldete sich beim Kraftwerk der Straßenbahn von Oakland. Als Vorbereitung auf den Beruf ließ man ihn Kohlen schippen. Einen Tag im Monat hatte er frei. Er entwickelte sich zum «Arbeitstier», wie er später von sich sagte. Das Werk stellte fest, daß der kraftstrotzende Jugendliche zwei Männer ersetzen konnte. London hielt es für eine persönliche Auszeichnung, als die Geschäftsleitung zwei Arbeiter entließ und ihm die Arbeit beider Männer bei erhöhtem Lohn anbot. Bald erfuhr er jedoch, daß einer der Kohlenschlepper, die er ersetzte, aus Verzweiflung Selbstmord begangen hatte. Er hatte keine Arbeit gefunden und konnte Frau und Kinder nicht länger ernähren. Zum erstenmal durchschaute London die Arbeitsverhältnisse, jedoch wohl eher emotional. Es ekelte ihn jetzt vor jeder körperlichen Arbeit. Er verließ das Kraftwerk. Selbstmord auf Raten in einer Fabrik oder Tramp: diese Alternative sah er nur noch. Er wollte Tramp werden.

Im Frühjahr 1894 wuchs die Zahl der Arbeitslosen in den Vereinigten Staaten. Arbeiter streikten, die Farmer protestierten gegen die Preispolitik der Regierung. Millionen Menschen hungerten, aber der Kongreß in Washington war der Meinung, daß Arbeitslosigkeit kein Thema einer amerikanischen Regierung sei. Ein Protestmarsch gegen die Hauptstadt formierte sich. Von New England, von Kalifornien, Arizona und Texas aus marschierten Arbeiter auf Washington zu. Sie forderten den

Als Matrose des Schoners «Sophie Sutherland»

Kongreß auf, fünf Millionen Dollar als Soforthilfe bereitzustellen. Mit dem Geld sollten öffentliche Straßen gebaut werden, um die Arbeitslosigkeit zu bekämpfen. Der Plan stammte von Jacob Sechler Coxey, einem wohlhabenden Fabrikbesitzer. Er organisierte eine «Armee des Gemeinwohls».

Spontan bildeten sich in vielen Städten der USA Gruppen, die Coxeys Ziel unterstützten. Diese Gruppen erhielten oft ein festes Organi-

Coxeys «Armee» auf dem Marsch nach Washington, 1894

sationsschema. In Oakland stellte ein Mann namens Kelly aus Arbeitslosen militärisch organisierte Kompanien zusammen. Er erzwang von
der örtlichen Eisenbahnverwaltung die kostenlose Beförderung der Arbeitslosen in Richtung Washington. Jack London schloß sich dieser Armee von «General Kelly» an. Er nahm die Gelegenheit wahr, um Oakland zu verlassen und ein Leben als Tramp vorzubereiten. Die sozialen
und wirtschaftspolitischen Fragen der Aktion interessierten ihn nur am
Rande. Für ihn war es nicht leicht, sich der Disziplin der Arbeiterarmee
zu fügen und sich als Teil der Organisation zu verstehen. So reiste er

zum Beispiel mit einigen Freunden aus seiner Kompanie der Armee voraus, hißte in kleineren Städten die amerikanische Flagge und erklärte, diese Gruppe sei die Vorhut der «Armee Kelly». Wenn dann sympathisierende Farmer Proviant brachten, nahmen sich Jack London und seine Freunde das Beste und gönnten den Arbeitertruppen nur Säcke mit Bohnen und Mehl sowie geschlachtete Ochsen.

Am 1. Mai wurde «General Coxey» in Washington verhaftet und vor Gericht angeklagt, weil er den «Frieden und auch die Regierung der Vereinigten Staaten» beleidigt habe. Das war ein Signal für das Ende des Marsches auf Washington. Jack London verließ die Kelly-Armee und wurde Tramp. In dem Roman *Abenteurer des Schienenstranges*, 1907 publiziert unter dem Titel *The Road*, beschrieb London Jahre später sein Vagabundendasein unter dem Spitznamen «Jack Seemann». Das autobiographische Element in Jack Londons Erzählkunst hat die Legendenbildung um diesen Autor gefördert. Er, der auszog, um Abenteuer zu erleben, beschrieb das Leben als Abenteuer:

Der Zug fährt jetzt mit voller Fahrt, und ich lache vor mich hin, als ich ganz unvorbereitet von einem Wasserstrahl getroffen werde. Es ist der Heizer, der von der Lokomotive aus den Wasserschlauch auf mich richtet. Ich gehe auf das hinterste Trittbrett des Tenders, wo ich unter dem vorspringenden Dach vollkommen geschützt bin. Das Wasser fährt über meinen Kopf hin, ohne mir etwas zu tun. Es juckt mir in den Fingern, dem Heizer ein Stück Kohle an den Kopf zu werfen, aber ich weiß, daß ich, wenn ich es tue, von ihm und dem Lokomotivführer tot geschlagen werde, darum beherrsche ich mich.

Kaum hält der Zug das nächste Mal, so bin ich wieder unten und laufe in der Dunkelheit nach vorn. Als der Zug diesmal die Station verläßt, befinden sich beide Bremser auf dem ersten «Blinden». Ich errate, was sie vorhaben. Der Wiederholung des Spiels von vorhin haben sie einen Riegel vorgeschoben. Ich kann nicht wieder auf den zweiten Wagen springen, auf die andere Seite laufen und dann den ersten einholen. Sobald der erste «Blinde» vorüber ist, springen sie, jeder auf einer Seite des Zuges, ab. Ich aber springe auf den zweiten Wagen, und indem ich das tue, weiß ich, daß die Bremser mich jetzt von beiden Seiten angreifen werden. Es ist eine sichere Falle. Beide Auswege sind versperrt. Und doch gibt es noch einen Weg: nach oben. Darum warte ich nicht, bis meine Verfolger mich eingeholt haben. Ich klettere auf das eiserne Geländer der Plattform und stehe auf dem Rand der Handbremse. Damit bin ich aber auch am Ende meiner Weisheit angelangt, und ich höre die Bremser von beiden Seiten die Stufen heraufstürmen. Ich lasse mir nicht die Zeit, mich nach ihnen umzusehen. Ich hebe die Arme über den Kopf, bis sie den Rand der herabgebogenen Wagendächer erreichen. Die eine Hand liegt natürlich auf dem einen, die andere auf dem andern Dache. Unterdessen kommen beide Bremser die Treppe herauf.

*Ich weiß es gut, obwohl ich keine Zeit habe, mich nach ihnen umzuse-
hen, denn alles geschieht im Laufe weniger Sekunden. Ich springe mit
den Füßen ab und schwinge mich hoch. Gerade als ich die Beine unter
mir hochziehe, strecken beide Bremser die Hände aus und greifen in die
leere Luft. Ich weiß das sehr gut, denn ich blicke hinunter und verfolge
mit Interesse ihre Bewegungen. Und ich höre sie auch fluchen.*[22]

Als blinder Passagier reiste Jack London nach Chicago, anschließend
nach New York und weiter zu den Niagara-Fällen. Der Vagabund wurde dort von der Polizei aufgegriffen und für dreißig Tage ins Gefängnis
gesperrt. Das Leben als Tramp veränderte Jack London. Er erkannte,
daß Menschen unschuldig zu den *Ausgestoßenen* einer Gesellschaft gehören konnten. Er sah, wie Männer plötzlich keine andere Möglichkeit
mehr hatten, als die Verbrecherlaufbahn einzuschlagen. Die Öffentlichkeit zwang sie durch Arbeitslosigkeit, durch Desinteresse an ihren Sorgen zur Gegenreaktion, zur Überlebensreaktion. Den Kapitalismus
machte London jetzt für lange Arbeitszeiten, für ständig sinkende Löhne und für die Erniedrigung der Arbeitenden verantwortlich, ebenso
dafür, daß den Massen das Recht auf Bildung vorenthalten wurde. In
einer Gewerkschaftszeitung veröffentlichte London 1903, wie es zu dem
Umschwung in seiner Gedankenwelt gekommen war:

*Ehrlich gesagt wurde ich Sozialist so wie die heidnischen Germanen
Christen wurden – der Sozialismus wurde mir eingehämmert. Ich war
anfangs nicht nur uninteressiert am Sozialismus, ich habe ihn geradezu
bekämpft. Ich war sehr jung und unreif, wußte von nichts, und obwohl
ich keine Lehre mit dem Namen «Individualismus» kannte, sang ich
dennoch das Triumphlied vom Recht des Stärkeren mit aller Begeisterung.*

*Das kam daher, weil ich mich selbst zu den Starken zählte. Ich mein-
te damit, daß ich gesund war und kräftige Muskeln besaß. Ich hatte
meine Kindheit auf Farmen in Kalifornien verbracht, als Junge Zeitungen auf Straßen verkauft, als Jugendlicher fuhr ich auf Schiffen über
die San Francisco Bay und den Pazifischen Ozean. Ich lebte das Leben
unter freiem Himmel, ich arbeitete unter freiem Himmel, erlernte keinen Beruf, sondern wechselte von Job zu Job. Die Welt erschien mir als
das Gute schlechthin. Ich möchte wiederholen: diesen Optimismus hatte
ich, weil ich gesund und stark war, keine Schmerzen und Schwächen
kannte und niemals von einem Arbeitgeber abgewiesen wurde, weil ich
etwa nicht kräftig genug aussah. Es gelang mir immer, einen Job als
Kohlenschaufler, Seemann oder Fabrikarbeiter zu bekommen.*[23]

Jack London beschrieb in dem autobiographischen Bericht, wie er als
Jugendlicher hoffte, Nietzsches Übermenschen gleichen zu können, wie
er sich ein falsches Männlichkeitsideal aufbaute, das dem der amerikanischen Pioniere glich. Zweifel an seinem Weltbild kamen ihm zum erstenmal auf seinen Reisen als Tramp:

Tramp

Ich fand unter den Tramps alle Arten von Menschen, unter ihnen viele, die einmal so gesund und kräftig aussahen wie ich selbst. Es waren Seeleute, Soldaten, Arbeiter, alle entstellt und verunstaltet durch Schwerarbeit, Not und Unfälle. Von ihren Arbeitgebern waren sie weggejagt worden wie alte unbrauchbare Pferde. Ich zog mit ihnen herum und bettelte an Hintertüren, zitterte mit ihnen vor Kälte in offenen Waggons oder in Stadtparks und hörte immer wieder Lebensgeschichten, die unter glücklichen Vorzeichen begannen wie bei mir, gelegentlich sogar besseren, und die dort vor meinen Augen im Dreck der Gesellschaft endeten.

Während des Zuhörens begann mein Gehirn zu arbeiten. Die Straßendirnen und die Männer in der Gosse schienen mir alle dem Ende nahe zu sein. Ich sah das Bild des gesellschaftlichen Abgrunds lebhaft vor

*mir, und ich selbst hing ein wenig über diesen Tramps, die am Boden
dieses Abgrunds saßen. Ich hielt mich mit aller Kraft an einer glitschi-
gen Wand fest. Angst erfaßte mich. Was würde geschehen, wenn mir
die Kraft fehlte?* [24]

Jack London hatte erkannt, daß unter den Arbeitsbedingungen seiner
Zeit Lohnarbeiter scheitern konnten. Im Gegensatz zu vielen seiner
Zeitgenossen, die den Tramps und Arbeitslosen vorhielten, sie hätten
versagt und ihr Los sei eigene Schuld, im Gegensatz zu diesen Zeitgenossen sah Jack London den Mangel an sozialer Vorsorge und die bru-
tale Ausnutzung des Arbeiters in der kapitalistischen Industriegesellschaft.

*Genauso wie ich ein Individualist war, ohne mir darüber theoretische
Gedanken zu machen, genauso war ich plötzlich ein Sozialist, ohne daß
irgendwelche wissenschaftlichen Ergebnisse mir zur Verfügung gestan-
den hatten. Ich war neu geboren, aber nicht neu getauft worden, und so
lief ich herum, um endlich herauszukriegen, wer ich nun eigentlich war.
Ich ging nach Kalifornien zurück und las in Büchern. Ich weiß nicht
mehr, welches Buch ich zuerst öffnete. Das ist auch unwichtig. Ich war
auf jeden Fall schon «etwas», und mit Hilfe der Bücher entdeckte ich,
daß dieses «etwas» der Sozialist war. Seitdem habe ich viele Bücher gelesen, aber kein wirtschaftliches Argument, kein logischer Beweis von
der Notwendigkeit des Sozialismus hat mich so sehr beeinflußt wie die
Erkenntnis, daß ich selbst dem gesellschaftlichen Abgrund zusauste und
als Schlachtvieh behandelt wurde.* [25]

Seine Erfahrungen unter den amerikanischen Tramps verfolgten Jack
London. Er, der sich als Schriftsteller zugleich journalistische Aufgaben
stellte, ging 1902, verkleidet als abgerissener Seemann, in die Londoner
Slums. Er wollte die Lage der sozial Ausgestoßenen erkunden und fragte sich: Warum leben diese Menschen in Slums? Nicht aus Faulheit und
nicht aus freier Wahl, das erkannte er. Die Gründe waren vielmehr Alter, Krankheit, Unfall, Verlust der Arbeitskraft, Geburt im Slum.
Selbstmord, Trunksucht, Kriminalität ergaben sich in zwanghafter Folge. Jack London notierte sich: Warum muß eine Zivilisation, die immer
mehr Waren produziert, zugleich das Elend vergrößern? Er forderte:
Eine Gesellschaft muß das Los des Durchschnittsbürgers verbessern,
das heißt das Profitmotiv kann nicht das oberste Prinzip des Zusam-
menlebens sein. London sah, daß eine große Gruppe von Arbeitern als
Lohndrücker gebraucht wurde und daß eine Reservearmee an Arbeitslosen existierte, um die Solidarität der Arbeitenden durchbrechen zu können.

Auf die Erfahrungen in der Tramp-Zeit griff London mehrfach zurück. Als er im Jahre 1904 von einem Frauenverein zu einem literarischen Vortrag eingeladen wurde, ging er, ein in jenen Jahren bereits be-
rühmter Schriftsteller, vom geplanten Thema über zu einer Analyse der

Aus einem englischen Slum

Tramps in den USA. Er erklärte, daß der Tramp nichts anderes als die Folge der kapitalistischen Ordnung sei. Er bilde eine Reserve der Arbeitskraft, die man gelegentlich und saisonbedingt einsetze und gebrauche. Zynisch rief London der Zuhörerschaft entgegen, man solle doch lieber diese Reservearmee töten, und damit wäre man doch alle Arbeitslosigkeit und soziale Verelendung los. Als sich die Damen protestierend erhoben, hielt ihnen London entgegen: *Sie haben den Tramp doch erst gezüchtet. Er hat sich nicht selbst erfunden.*[26]

Es gibt keine Unterlagen und Beweise dafür, daß Jack London bereits vor seinen Trampreisen auf sozialistische Ideen mit Interesse reagiert hätte. Das Leben als Tramp veränderte die Weltsicht des Neunzehnjährigen. Er hatte Einzelheiten über Gewerkschaften erfahren, über die Arbeitersolidarität und die internationale sozialistische Bewegung. In Oakland begann er Babeuf, Saint-Simon, Fourier, Proudhon und Marx zu lesen. Aus dem «Kommunistischen Manifest» schrieb er Passagen ab, die er in sein Notizbuch aufnahm.

Marx' Lehre war durch deutsche Einwanderer in die USA gebracht worden. Nach der gescheiterten Revolution von 1848 flüchteten viele Sozialisten aus Deutschland in die Vereinigten Staaten. Im Oktober 1857 konstituierte sich in New York ein «Communist Club», der aufforderte, das bürgerliche Eigentum abzuschaffen. Karl Marx' Name wurde in den USA auch durch seine Aufsätze in der «New York Tribune» bekannt, einer Zeitung, die im ganzen Land zu lesen war. Während des amerikanischen Bürgerkriegs setzten sich die Marxisten heftig für die Abschaffung der Sklaverei ein. Sie trugen in den folgenden Jahren wesentlich zum Aufbau der Gewerkschaften bei. Dennoch nahm die sozialistische Bewegung nur eine Außenseiterposition in den USA ein, weil sie im wesentlichen von deutschen Arbeitern und Intellektuellen kontrolliert wurde. 1886 kritisierte Engels das Verhalten der deutschen Sozialisten in den USA. Er warf ihnen vor, sich nicht um die Eigentümlichkeiten des Landes zu kümmern. Sie hätten sich doktrinär an ihre in Deutschland erarbeiteten Thesen gehalten, würden kein Englisch lernen und somit getrennt von den Arbeitermassen der USA leben. Doch der Arbeiterführer Daniel De Leon, Herausgeber der Zeitung «The People», Parteiorgan der «Socialist Labor Party», führte die sozialistische Bewegung bald aus dem Umkreis der deutschsprachigen Einwanderer heraus. Lehrer der Partei zogen durch das ganze Land und gründeten englischsprachige Gruppen.

Jack Londons Interesse am Sozialismus erwachte zu einem Zeitpunkt, als die «Socialist Labor Party» sich in den Vereinigten Staaten zu einer aktiven Organisation erweiterte. Eigene Zeitungen in englischer Sprache, Magazine, Protestaktionen machten die Bewegung schnell bekannt.

Lange Arbeitszeit, niedrige Löhne, die oft auch noch durch die Zahlung in Waren oder die Bindung an Konsumläden gedrückt wurden, schlechte Arbeitsverhältnisse, rücksichtslose Ausnutzung von Frauen- und Kinderarbeit, parteiische Gerichte, das Fehlen jeglicher Arbeitsgesetzgebung und viele andere Mißstände führten zur Entstehung der Arbeiterbewegung in den Vereinigten Staaten. Die erste Gewerkschaftsbewegung brach 1837 wieder zusammen. In den vierziger und fünfziger Jahren, insbesondere aber während des Bürgerkriegs entstanden ge-

*Amerikanische
Bauarbeiter*

werkschaftliche Vereinigungen aufs neue. Einer der machtvollsten Ver-
bände, die «Brotherhood of Railway Engineers» von 1864, organisierte
die Eisenbahnarbeiter und regte zur Organisation anderer Berufsver-
bände an. Aus der Idee, einen einzigen großen Verband zu gründen,
entwickelte sich 1866 die «National Labor Union» und 1869 der «No-
ble Order of the Knights of Labor». 1881 spaltete sich die «American
Federation of Labor» von den «Knights of Labor» ab. Die Interessen
der Arbeiter setzten diese Gewerkschaftsorganisationen im wesentlichen mittels Streik durch. Nach Angaben des «Bureau of Labor» gab es
zwischen 1881 und 1900 23 798 Streiks in 123 442 Firmen. Über sechs
Millionen Arbeiter beteiligten sich an den Aktionen. Die bedeutendsten

Streiks für die Entwicklung der amerikanischen Arbeiterschaft im 19. Jahrhundert spielten sich zwischen 1877 und 1894 ab. Diese Streiks bewiesen, welche Macht die Großindustrie errungen hatte und wie leicht sie die Staatsorgane für ihre Interessen einsetzen konnte. 1886 stellten Gewerkschaftsmitglieder vor dem McCormick-Mähmaschinenwerk Streikposten auf. Mehrere dieser Posten wurden von der Polizei niedergeschossen. Die anschließende Protestaktion auf dem Haymarket Square in Chicago, eine Versammlung der Arbeiterschaft, führte dann zur Verhaftung von mehreren leitenden Gewerkschaftsfunktionären, denn in einem Polizeikordon war eine Bombe explodiert. Sieben Polizisten kamen ums Leben. Wer die Bombe geworfen hat, ist nie geklärt worden.

Eisenbahnkrieg, 1869

Doch der Anlaß diente den wirtschaftlich Mächtigen dazu, in der Öffentlichkeit Feindseligkeit gegen die Arbeiterschaft zu schüren. Auch beim Streik von 1892 in Homestead, Pennsylvania, in den Andrew-Carnegie-Stahlwerken setzte der Staat Miliz ein. Die Gewerkschaften erlitten eine vernichtende Niederlage. Bundestruppen beendeten auch einen Streik in der «Pullman Palace Car Company», Chicago. Arbeiter wehrten sich gegen eine drastische Herabsetzung ihrer Löhne. Aber Bundesgerichtshof und Truppen unterstützen die Industriellen im Kampf gegen die Gewerkschaft. Enttäuscht von der Entwicklung in den USA gab der Gewerkschaftsführer Eugene V. Debs die Bemühung auf, wirtschaftliche Gerechtigkeit für die Arbeiter innerhalb des kapitalistischen Systems zu erwarten. Er und viele andere Gewerkschaftler entwickelten sich zu überzeugten Sozialisten, die erkannten, daß die gleichen Leute, die immer wieder die Bewilligung von Freiland etwa für den Eisenbahnbau forderten, die hohe Zölle befürworteten und jede Art von Subvention der Regierung annahmen, daß diese Leute jeden Versuch der Kontrolle ihrer Vermögen ablehnten. Diese Vermögen bildeten sie aber nicht zuletzt mit Unterstützung der Regierung und durch Ausnutzung der Arbeitskräfte. Für die Sozialisten hieß es, gegen die antidemokratische Koalition von Industrieherren und Regierung zu operieren. Das führte notwendigerweise zu blutigen Auseinandersetzungen, wie London sie in seinem Roman *The Valley of the Moon (Das Mondtal)* beschrieb: *Die Straße herauf kam von den Eisenbahnwerkstätten unter beständigem Feuer ein großes Aufgebot von Bahnpolizei und Detektiven. Und von der andern Seite kamen mit Lärmen, Rattern und Klappern von Pferdehufen drei Patrouillenwagen voll Polizei. Die Streikenden waren in einer Falle gefangen. Sie hatten nur die Möglichkeit, zwischen den Häusern hindurch über die Zäune in die Hinterhöfe zu entschlüpfen. Aber es waren ihrer zu viele in der engen Gasse, als daß alle entkommen konnten. Ein halbes Dutzend wurde in dem Winkel zwischen ihrer Hausfassade und den Stufen eingeklemmt. Und wie sie gegen andere gehandelt hatten, so wurde jetzt gegen sie gehandelt. Verhaftungen wurden nicht vorgenommen. Sie wurden von diesen Handlangern der Ordnung, die wütend über die Behandlung waren, die ihren Kollegen zuteil geworden war, bis auf den letzten Mann niedergeschossen und mit Knüppeln niedergeschlagen.*[27]

Die Koalition von Eigentümern und Staat begründete die amerikanische Verfassung. Charles Beard schrieb in seiner berühmten Untersuchung «Eine ökonomische Interpretation der amerikanischen Verfassung», mit der er die Demontage des Mythos von demokratischen Ursprüngen und Traditionen der US-Geschichte einleitete: «Die Bewegung für die Verfassung wurde hauptsächlich von vier Gruppen von Interessen beweglichen Eigentums ins Leben gerufen und durchgesetzt . . .: Geld, Staatsobligationen, Fabrikation, Handel und Schiffahrt . . . Die Mitglieder des Konvents von Philadelphia, der die Verfassung ausarbeitete, waren mit nur wenigen Ausnahmen unmittelbar, direkt und persönlich an der Einrichtung des neuen Systems interessiert, von dem sie sich wirtschaftliche Vorteile versprachen.»[28]

Die neuere Geschichtsforschung in den USA bestreitet, daß Beards Theorie den Tatbeständen gerecht werde. R. E. Brown in seiner Schrift «Charles Beard and the Constitution» und Forrest McDonald in seinem Buch «We the People: The Economic Origins of the Constitution» behaupten, Beard hätte spekulativ gearbeitet. Aber nicht wenigen Historikern und Sozialwissenschaftlern erscheint die Kritik an Beards Verfassungsinterpretation als ein vom Antisozialismus geprägter Angriff auf die linken Traditionen der amerikanischen Geschichtsschreibung. Der Historiker Staughton Lynd ist der Meinung, daß die in den fünfziger Jahren formulierte Kritik an Beard ein «Produkt der Jahre des kalten Krieges» sei.[29]

Auf jeden Fall hat Beard gezeigt, daß die amerikanische Verfassung auch ein wirtschaftliches Dokument ist, ein Dokument, das die materiellen Grundlagen der Politik in den Vereinigten Staaten begründete. Zwar ist die amerikanische Verfassung von den aufklärerischen Idealen des 18. Jahrhunderts geprägt, vom Bekenntnis zur Demokratie, Selbstbestimmung und Freiheit, aber im Laufe des 19. Jahrhunderts verwandelte sich in den Händen der Großindustrie das Wort «Freiheit» zur Forderung «freier Wettbewerb». Diese Entwicklung stand nicht im Widerspruch zur Verfassung. Für die Arbeiterschaft wurde damit das Ideal «individuelle Freiheit» sinnlos. Sie sahen, wie sich Geld und Macht in den Händen einiger Männer häuften, sie sahen, wie die Freiheitsideen Jeffersons, einer der Verfassungsväter, unbeabsichtigt dem Sieg seines Gegenspielers, Hamilton, und den Wirtschaftsinteressen dienten. Die Arbeiterschaft, abhängig von den Industrieherren, setzte folglich an die Stelle der gegen sie benutzten Idee der «individuellen Freiheit» die Begriffe «Organisation» und «Gleichheit».

Gespräche mit Tramps, die Erinnerung an sein Leben auf Schiffen und in Fabriken hatten Jack London klargemacht, daß er historischen und wirtschaftlichen Fragen bisher nicht nachgegangen war. 1895, nach Oakland zurückgekehrt, wollte London lesen und lernen, schreiben und diskutieren. Der Neunzehnjährige besuchte die Anfängerklasse des Oaklander Gymnasiums, schrieb für die Schülerzeitung Erzählungen und trat in den Henry Clay-Debattierklub ein. Diesem Klub gehörten junge Lehrer, Studenten, Ärzte, Rechtsanwälte an, die alle an Fragen der Gegenwart und sozialistischen Ideen interessiert waren. Bald lud die «Socialist Labor Party» London zu ihren Versammlungen ein. Die Partei wurde von Intellektuellen der Mittelklasse geleitet. London vermißte Arbeiter in diesem Kreis. Er besuchte deshalb neben den Parteiversammlungen auch Zusammenkünfte von Arbeitern und Gewerkschaftlern. Als er in Oakland auf der Straße eine öffentliche Rede hielt, wollte ihn die Polizei verhaften. Die Zeitungen Oaklands sprachen vom «sozialistischen Jüngling», der ohne Erlaubnis der Stadtverwaltung politische Agitation betrieb. Anstoß erregte London auch mit sozialistischen Gedanken, die er in der Schülerzeitung des Oaklander Gymnasiums verbreitete. Er verließ die Schule und trat in eine «Presse» ein, die auf die Aufnahmeprüfung zur Universität vorbereitete. Englisch, Geschichte, Mathematik, Literatur und Naturwissenschaften galten als Prüfungsfächer. London lernte in wenigen Monaten das für zwei Jahre Unterricht geplante Pensum. 1896 bestand er die Aufnahmeprüfung der Universität Berkeley. Die Universität besaß ausgezeichnete Lehrmittel und eine umfangreiche Bibliothek. London studierte mit großem Vergnügen. Er schrieb auch wieder Aufsätze und Erzählungen. Die Oaklander «Times» veröffentlichte Jack London-Briefe über wirtschaftliche und politische Fragen, die Magazine «Evenings at Home» und «Amateur Bohemian» publizierten einige seiner Erzählungen. In der literarischen Zeitschrift der Universität «The Occident» erschien allerdings keine Arbeit des jungen Studenten. Der Grund ist nicht bekannt. Einige Biographen, wie etwa Philip Foner, sind der Meinung, daß Lon-

*Präsident
Thomas Jefferson*

don frühzeitig mit den Studenten und Professoren in politische Auseinandersetzungen geriet. Deshalb habe er auch nach einem erfolgreich abgeschlossenen Semester die Universität wieder verlassen. Andere Biographen, wie Irving Stone, behaupten, Jack London sei so mittellos gewesen, daß er auch während der Studienzeit Gelegenheitsarbeiten annehmen mußte. Als sein Stiefvater John London erkrankte, ernährte er die Familie und vernachlässigte die Universität. Er gab das Studium im zweiten Semester auf. Im Februar 1897 verließ er Berkeley.

Bevor sich London an einen festen Arbeitsplatz band, versuchte er erneut sein Glück als Schriftsteller und Journalist. Er schrieb täglich mehr als fünfzehn Stunden. Essays, Erzählungen, Gedichte, humoristische Verse und tragische Epen. Aber keine Zeitung, kein Magazin kaufte seine Manuskripte. Er verkaufte seine Bücher und Anzüge, lieh sich Geld, schrieb weiter, gab aber schließlich auf, denn Flora und John London erwarteten seine Hilfe.

Er nahm, nachdem er aus seiner Schaffenswut erwacht war bzw. herausgerissen wurde, eine Stellung in einer Wäscherei an, bügelte Hemden, Hosen und Kragen und lebte wieder als *Arbeitstier*. Seine Pläne und Wünsche hatten sich nicht erfüllt. In dem autobiographisch ge färbten Roman *Martin Eden* beschrieb er 1909, wie er in jenen Jahren, trotz seines sozialen Engagements für die Unterprivilegierten, vom Leben des bürgerlichen Mittelstands fasziniert war. Er wollte an diesem Leben teilnehmen. Martin Eden gesteht einem Mädchen aus wohlhabendem Hause seine Liebe:

Aber was ich sagen wollte: Ich bin noch nie in einem Hause wie diesem gewesen. Als ich vor einer Woche herkam und Sie und Ihre Mutter und Ihre Brüder und alles andere sah, da gefiel es mir. Ich hatte von solchen Dingen gehört und in Büchern darüber gelesen, und als ich mich in Ihrem Hause umsah, da war es gerade wie in den Büchern. Aber was ich sagen wollte: es gefiel mir. Ich hätte es gern selbst so gehabt. Ich möchte es gern jetzt so haben. Ich möchte, daß die Luft, die ich atme, so wäre wie in diesem Hause – eine Luft, die von Büchern, Bildern und schönen Dingen erfüllt ist, in der die Leute leise reden, rein sind und rein denken. Die Luft, die ich bisher geatmet habe, war immer vermischt mit Essen und Miete und Schlägereien und dergleichen, das war alles, worüber sie redeten. Sehen Sie, als Sie durchs Zimmer gingen und Ihre Mutter küßten, da war mir, als sei es das Schönste, was ich je gesehen habe. Ich habe allerhand in meinem Leben gesehen, und wie dem nun auch sei, so habe ich jedenfalls mehr Nutzen davon gehabt als die meisten, mit denen ich zusammen war. Ich will sehen, und ich möchte gern mehr und anderes sehen.

Aber ich bin noch nicht zur Hauptsache gekommen, und die ist: Ich will versuchen, es dahin zu bringen, daß ich ein Leben führen kann, wie Sie es hier im Hause leben. Es gibt anderes und besseres im Leben als Streit und schwere Arbeit. Aber wie soll ich das erreichen? Wo soll ich anfangen? Ich bin bereit, dafür zu arbeiten, wissen Sie, und ich kann es mit den Meisten aufnehmen, wenn es schwere Arbeit gilt. Wenn ich erst einmal angefangen habe, arbeite ich Tag und Nacht.[30]

Die Geliebte rät Martin Eden, zur Universität zu gehen. Er sagt, daß er kein Geld habe. Auf dieses Argument ist sie nicht vorbereitet, ja, für sie ist es nur ein Scheinargument. Wie seine Hauptfigur Martin Eden sah sich Jack London immer wieder als Kind der Arbeiterklasse zurückgestoßen. Die Kultur, Bücher, Bilder, Musik, waren nicht für ihn gedacht. Zudem traf er mit seiner politisch erregten Leidenschaft und seinem Lerneifer bei der Mittelklasse auf Argwohn und Desinteresse. Seinen Abgang von der Universität, den vergeblichen Versuch, mit literarischer Arbeit Geld zu verdienen, empfand er als Scheitern. Kultur, so meinte er, besaß nur der bürgerliche Mittelstand. Mißverständlich glaubte er, daß er am Kulturbereich nicht teilnehmen könne, wenn ihm der Aufstieg in den Mittelstand nicht gelang. Dieses Mißverständnis behielt er sein Leben lang bei. Zum anderen begriff er aber auch, daß er eine neue Kultur schaffen müsse, eine Kultur, in der das Leben der Arbeiterklasse, sein Leben, Ausdruck fand.

Neunzehn Jahre alt, Schüler des Gymnasiums in Oakland

In der Wäscherei reinigte London die Kleidung von Studenten, Hemden, Anzüge, Unterwäsche jener Bevorzugten, mit denen er gemeinsam die Universität besucht hatte und von deren Konventionalität, Unehrlichkeit und Materialismus er nun sprach, nachdem er für einige Zeit ihre Kulturideale bewundert hatte.

Sechs Tage Arbeit, eine Achtzig-Stunden-Woche, der Sonntag als Ruhetag: die Bücherkiste, die London hoffnungsvoll in seine Arbeitswelt mitnahm, blieb ungeöffnet. Nach der Arbeit fiel er ins Bett mit der Erkenntnis, daß derjenige, der für Lohn arbeitete, keine Zeit zur Muße, zum Nachdenken, zum Lesen oder Schreiben fand. Er fühlte sich als eine Art Maschine, in die eine bestimmte Menge Nahrung und Schlaf zu füttern war, damit sie funktionierte. Erfahrungen in der Arbeitswelt, der Umgang mit der kalifornischen Mittel- und Oberklasse, sein Scheitern an der Universität und als Schriftsteller, die ausweglose Situation eines Menschen, der in einer mittellosen Familie geboren wurde, wissenschaftliche Lektüre und Diskussionen; das alles faßte London Jahre später in dem Aufsatz zusammen: *How I Became a Socialist (Wie ich Sozialist wurde)*.

1906 schrieb er über dieses Stadium seiner Entwicklung den Essay *What Life Means to Me (Was mir das Leben bedeutet)*. Er hatte nicht nur sein eigenes Scheitern erlebt, sondern auch das Scheitern vieler Arbeiter, die Entlassung von Professoren und Priestern, weil sie sich zu einer gerechteren Verteilung des Eigentums und zu öffentlichen Kontrollen der staatlichen Investitionen bekannten. *Ich entdeckte, daß es mir keinen Spaß macht, in diesem Wohnzimmer der Gesellschaft zu leben. Ich langweilte mich. Moralisch und geistig war ich krank. Ich dachte zurück an meine Intellektuellen und Idealisten, entlassenen Priester, gefeuerten Professoren und an die moralisch anständigen, klassenbewußten Arbeiter. Ich dachte zurück an meine Tage und Nächte voller Sonnenschein und Sternenglanz, als das Leben ein wildes, süßes Wunder, ein geistiges Paradies selbstloser Abenteuer und ethischer Märchen gewesen war.*[31]

Der Mut des Pioniers, das Pathos seiner Willenskraft, seiner aggressiven Durchsetzungskraft, seines einzelgängerischen Optimismus, seines romantischen Antikapitalismus, verkörpert und mythisiert in jenen Männern, die den amerikanischen Westen eroberten, dieser Mut, dieses Pathos, dieser Optimismus im vormonopolistischen Existenz- und Erwerbskampf prägte auch Jack London. Allerdings, er lebte nicht mehr in Jeffersons Agrargesellschaft, in der Freiheit und Glück des einzelnen als Naturgesetze proklamiert wurden. Er lebte in einer Zeit, in der die Industrie sich zu Monopolen organisierte. Als *Arbeitssklave* hatte er am Pathos und Optimismus der amerikanischen Gründerjahre zweifeln gelernt. Dennoch träumte er den Traum der grenzenlosen Freiheit, den die Pioniere überliefert hatten. Nur verwandelte sich bei ihm dieser Traum in einen Fluchttraum vor einer gegenwartsnahen Unfreiheit. In der grellen Beleuchtung der Jahrhundertwende traten neue Strukturen hervor, die Jack London nicht leugnete. Allerdings, gelegentlich wirken des Autors Erzählungen und Romane so, als habe ihn ein rückwärtsgewandtes Träumen bestimmt, eine trotzige Lüge, die ihn über die selbsterkannten gesellschaftlichen Wahrheiten hinwegsehen ließ. In Alaska gab er sich 1897 dem Erlebnis und der Heroisierung der «frontier»-Erfahrung hin, jenem amerikanischen Phänomen, das vorspiegelt, der einzelne werde eine offene Grenze mit erschließen, ein Neuland betreten, in dessen Bereich er sich frei und ungebunden bewegen kann. Diese Grenzergesellschaft ist von Männern geprägt, die sich ihre eigenen Gesetze aufstellen: *Es gab kein Gesetz im Lande. Die berittene Polizei war eine Utopie. Jedermann rächte selbst eine ihm zugefügte Beleidigung und bestimmte die Strafe nach eigenem Ermessen. Selten war ein gemeinsames Vorgehen nötig gewesen, und nie war in der einförmigen Geschichte des Lagers das achte Gebot verletzt worden.*[32]

Doch in das Grenzerdasein trägt London nicht die optimistischen Lehren Rousseaus, wie etwa James Fenimore Cooper.[33] Er sieht hier vielmehr die naturwissenschaftlichen Lehren Darwins und die Evolutionstheorie Spencers bestätigt, aber auch den Pioniertraum von Glück und Unabhängigkeit.

Unabhängigkeit und Glück konnte sich London, großgeworden in der städtischen Industriegesellschaft, nur durch Geldbesitz vorstellen. Als Gerüchte von Goldfunden in Alaska aufkamen, verließ er sofort seinen Arbeitsplatz in der Wäscherei. Täglich berichteten die Zeitungen Kaliforniens von Männern, die in San Francisco mit großen Goldmengen an Land gingen. Jack London packte der Goldrausch. Es störte ihn nicht, daß Flora und John London seinen täglichen Lohn zum Lebensunterhalt benötigten. Er verließ die Familie. Unterstützung erhielt er von seinem Schwager Shepard und dessen Frau, Londons

In Alaska, 1897

Schwester Eliza, die ihre Ersparnisse zusammenrafften. Der über fünfzigjährige Shepard fuhr mit Jack London nach San Francisco, um Pelzmäntel, Pelzmützen, Stiefel, Hemden, Decken, Zelt, Ofen, Schneeschuhe, Werkzeuge und Proviant zu kaufen. Shepard entschloß sich, an der Goldgräberreise teilzunehmen.

Am 12. März 1897 schifften sich Jack London und sein Schwager auf der «Umatilla» ein. Das Schiff war überladen mit Glückssuchern. Zu der Zeit fuhren die Reedereien Kaliforniens ständig in Richtung Alaska. Rund hunderttausend Männer strebten in das sagenumwobene Schneeparadies. Der Wunsch nach schnellem Reichtum lockte in den Norden.

In Südalaska, in der Bucht von Dyea, gingen Shepard und London an Land. Von Dyea aus mußten die Goldsucher einen Paß überqueren, 25 Meilen zum Lake Linderman zurücklegen, über den See setzen, Stromschnellen überwinden und einige hundert Meilen dem Fluß Yukon folgen, ehe sie in die kanadischen Gebiete um Dawson City gelangten. Die Region um den Stewart River und den Klondike River galt als eigentliche Domäne der Goldsucher. Als «Klondike-Fieber» ging der Goldrausch in die Geschichtsbücher ein.

Die kanadische Polizei hatte verordnet, daß jeder Goldsucher eine Tonne Proviant sowie Ausrüstung und 500 Dollar Bargeld mit sich führen mußte. Das Wettrennen zu den Goldfeldern begann, sobald die Männer in Dyea landeten, ein Wettrennen, das aber auch gegen die Jahreszeit geführt wurde, denn der Winter würde den Weg doppelt beschwerlich machen, oft sogar unpassierbar.

Shepard stellte fest, daß die Strapazen für ihn zu groß wären. Er kehrte nach Kalifornien zurück. Jack London schleppte nun jeden Tag bis zu 150 Pfund Gepäck auf dem Rücken, lud die Ausrüstung an einem Haltepunkt ab, ging zurück und trug die nächste Last. Schubweise transportierte er seine Tonne Proviant und die Ausrüstung voran. Bis zur Höhe des Chilkoot-Passes, der für einen Wanderer in wenigen Tagen zu erreichen war, benötigte er drei Monate Zeit und rund 2000 Kilometer Weg, um sein Gepäck in Raten voranzubringen. Viele Goldsucher verzweifelten, gaben auf und kehrten um. Einige mieteten sich indianische Träger, deren Preis aber von Tag zu Tag stieg. Jack London fehlte das Geld, um Träger zu bezahlen.

Stolz und glücklich erreichte London die Paßhöhe. Er war 21 Jahre alt, kräftig, 1,75 Meter groß. Er fühlte sich als Mann unter Männern und schrieb später voller Stolz: *Am Ende des Transports über achtundzwanzig Meilen konnte ich mit den Indianern Schritt halten. Oft trug ich mehr Gepäck als sie. Der letzte Transport zum Linderman-See ging über drei Meilen. Viermal am Tag lief ich den Weg hin und her. Auf jedem Gang nach vorne schleppte ich einhundertundfünfzig Pfund. Das heißt, daß ich auf den beschwerlichsten Wegen täglich vierundzwanzig Meilen lief, davon zwölf Meilen mit einer Last von einhundertfünfzig*

Pfund auf dem Rücken.[34]

Indianer bewunderte London, weil sie ihren Besitz miteinander teilten. Er betrachtete sie aber als eine den weißen Amerikanern unterlegene Menschengruppe. Sie begaben sich durch Tauschgeschäfte in die Abhängigkeit von Einwanderern und verkauften Land-, Fisch- und Jagdrechte. Daß Indianer andere Wertvorstellungen als Weiße entwickelt hatten und die Natur weder kaufen noch verkaufen konnten, bekümmerte London nicht weiter. Er ging davon aus, daß Indianer ähnliche Ziele wie die Weißen haben mußten. Unter diesem Blickwinkel erschienen ihm Indianer als unbeholfene, nicht um ihre Existenz kämpfende Menschen, als zweitklassige Wesen. Zum Zeichen ihrer Überlegenheit erobern sich die Weißen indianische Frauen, wie London in seinen ersten Erzählungen, mit denen er literarische Beachtung gewann, ausführlich schilderte. *An Odyssey of the North (Eine Odyssee des Nordens)* zeigt den Kampf zwischen Naass, einem Häuptlingssohn, und dem Weißen Axel Gunderson um die Liebe einer Indianerin. Die Indianerin Unga liebt den Weißen auch dann noch, als dieser von Naass in eine Falle gelockt wird und stirbt. Sie will zusammen mit Axel Gunderson sterben. Auch in der Kurzgeschichte *The Son of the Wolf (Der Sohn des Wolfs)*, die London wenige Jahre nach seinem Alaska-Aufenthalt schrieb, erobert sich der weißhäutige Goldsucher Mackenzie die Liebe der Indianerin Zarinska. Er kämpft mit einem Nebenbuhler aus Zarinskas Stamm: *Mackenzie hatte schon Männern in die Augen gesehen, und daher wußte er, daß er einem Manne gegenüberstand. Immer wieder wurde er bis an den Rand des Feuers oder in den tiefen Schnee hinausgedrängt ... Aber er biß die Zähne zusammen, während die Messer klirrten; und er stieß und parierte mit einer Kaltblütigkeit, die er der Kenntnis seiner eigenen Kraft verdankte. Anfangs fühlte er Sympathie für seinen Feind; aber sie mußte bald dem Lebensinstinkt in seiner ursprünglichsten Form weichen, und an dessen Stelle trat wieder die Lust, zu töten. Die Kultur von Jahrtausenden war von ihm abgestreift, er war ein Höhlenbewohner, der um sein Weibchen kämpfte.*[35]

Dreierlei läßt sich an diesem Ausschnitt aus einer Erzählung zeigen, die London bald nach seinem Alaska-Aufenthalt niederschrieb: London eignete sich eine vereinfachte und teilweise verzerrte Vorstellung der Darwinschen Evolutionstheorie an. Zum anderen ließ er Frauen in der Männerwelt des Nordens mehr oder weniger passiv agieren, abhängig von maskulinen Entscheidungen und Kräften. Drittens zeigte er die weißhäutigen Amerikaner als eine dem einheimischen Indianer überlegene Menschengruppe.

Wie viele seiner Zeitgenossen gegen Ende des 19. Jahrhunderts betrachtete London den Menschen frei nach Darwin als ein Wesen, dessen animalische Seite sich besonders in kritischen Ausnahmesituationen bewies, etwa in Augenblicken großer Gefahr, während eines Streites oder

VIEWS: WHITE PASS–DAWSON
Hegg: PHOTOGRAPHER

Dawson City

Goldsucher in Klondike

Am Chilkoot-Paß

*Charles
Darwin*

eines Kampfes. Auch unter dem Einfluß von Alkohol und im sexuellen Rausch, so hieß es, würde der Mensch alle anerzogene Moral fallenlassen und sich als triebhaftes Wesen entpuppen. Zwar habe der Mensch die Möglichkeit, atavistische Regungen zu unterdrücken, aber er unterliege ihnen allzu leicht, zumal unter mißlichen äußeren Umständen. Insbesondere der Geschlechtstrieb sei eine dämonische, zerstörerische Kraft. Diese am Ende des 19. Jahrhunderts in den Vereinigten Staaten populäre Darwin-Interpretation eignete sich London in seiner Darstellung der Goldsucher Alaskas an.

Mackenzie, kämpfend um die Indianerin Zarinska, entdeckt in sich den Höhlenbewohner. Zugleich ist er, der Siegreiche, aber auch übernatürlich, mit dem Anfang aller Zeiten verbunden. *Als er zu Zarinska schritt, war er in ihren Augen übernatürlich.*[36]

Ein vereinfachter Darwinismus, verbunden mit dem Kult der männlichen Kraft und einer Mythisierung des Vorzivilisatorischen: Ist das noch der London, der in Oakland als Sozialist Reden gehalten hatte? Evolutionstheorien, Sozialismus und der Versuch, ein Vermögen auf einfache und schnelle Weise zu gewinnen – das alles mischte sich in Jack Londons Weltsicht. Klarheit in vielen Fragen erhielt der Autor erst

1899, nach der Rückkehr aus Alaska, in endlosen Debatten mit der Studentin Anna Strunsky. Aber so sehr die Studentin, die einer sozialistischen Partei angehörte, von der Energie und der Lebhaftigkeit ihres Freundes begeistert war, so sehr entsetzte er sie auch. Denn London erklärte wiederholt, daß er als Sozialist den Kapitalismus mit seinen eigenen Waffen schlagen wolle. Er wolle den Kapitalisten beweisen, daß auch ein Sozialist es mit ihnen auf ihrem eigenen Gebiet aufnehmen könne: dem Profitmachen. Damit werde er der Sache des Sozialismus einen Propagandadienst erweisen. Tatsächlich befand sich Jack London immer wieder in der Zwickmühle dieser Gedanken: Er wünschte sich den großen finanziellen Erfolg, Ruhm als Schriftsteller, den Beweis dafür, daß er nach der Darwinschen Theorie zu den «Starken» gehörte. Zugleich wollte er als Arbeiter und Sprecher der Arbeiterschaft die sozial Deklassierten, die «Schwachen», schützen, ihnen helfen. Deutlicher als Streiks und Fabrikhallen erscheinen in Londons literarischem Werk die weiße Wildnis Alaskas und das offene Meer, der Mensch in Konfrontation mit der Natur. Ist also doch nicht die Erfahrung in der Arbeiterschaft, auf die London sich immer wieder berief, der Angelpunkt seines Denkens? Hierüber gab es nicht nur Auseinandersetzungen zwischen London und Anna Strunsky, sondern auch zwischen Parteifreunden und Lesern der Werke. Tatsächlich ist die Frage für viele Romane und Erzählungen nicht klar zu beantworten. London sagte jedoch auf Vorhaltungen seiner Parteifreunde, daß er allein Menschen zeigen wolle, die vorbildliche Taten begehen, etwa im Roman *Smoke Bellew (Alaska-Kid)*. Dort lassen sich die beiden Hauptfiguren nicht vom allgemeinen Goldfieber in Alaska packen, sondern sie helfen einem alten Goldgräber, nach jahrelanger Erfolglosigkeit einen guten Claim abzustecken. In dieser Geschichte verbirgt sich Londons geheime Vorstellung vom Sozialismus, der in der Welt des Nordens darwinistische Komponenten erhielt. Der «Stärkere», in diesem Fall zwei junge Männer, soll dem «Schwächeren», sei er schwächer in körperlicher oder geistiger Hinsicht, unterstützen. London hielt es für kein Problem, wenn einige wenige «Starke», wie er sie nannte, die Arbeit für andere, nicht so gesunde oder erfahrene Menschen, übernehmen würden. *Warum soll es einen leeren Magen auf der Welt geben, wenn die Arbeit von zehn Menschen hundert Menschen ernähren kann? Was ist denn, wenn mein Bruder nicht so stark und gesund ist wie ich? Er hat keine Sünden begangen. Warum soll er also Hunger leiden – er und seine kleinen Kinder?* [37]

Die Schwachen und Hilflosen sollen ernährt werden, Unterstützung, Pflege finden. Wenn man Jack Londons Vorstellungen akzeptiert, könnte gesagt werden, dies sei eine Vorwegnahme des Wohlfahrtsstaates. Tatsächlich verbirgt sich hinter diesen Ideen aber ein christlicher Caritas-Gedanke, der nicht danach fragt, wie die Unterprivilegierten, die

«Schwachen», fähig werden können, für ihre eigenen Belange und Rechte einzutreten, wie sie unabhängig werden können von der Hilfe anderer. Für London teilte sich die Welt naturwüchsig in «Starke» und «Schwache». Der «Starke» hatte nur zu begreifen, daß er von seiner Kraft etwas abgeben mußte; dann würden in der Welt Gerechtigkeit und Glück herrschen.

In einem langen und für die Goldsucher wenig arbeitsamen Winter richtete sich London seine Schlafkoje in einer Hütte am Ufer des Stewart River als Studierzimmer ein. Er las Marx, Darwin, Spencer, Milton, Kipling, und er diskutierte mit Freunden, die auch in der Hütte lebten. «Mehrere alte Alaskaleute haben bezeugt, daß im Stewartlager das Lieblingsthema des Winters 1896 der Sozialismus war. Jack war keineswegs der einzige Gläubige.»[38]

Der erhoffte Goldgewinn im Klondike-Gebiet blieb aus, jedenfalls für Jack London. Aber während des einjährigen Aufenthalts unter den Goldsuchern schuf er sich die Grundlagen als Schriftsteller. Er notierte Geschichten, die ihm Freunde erzählten, schrieb sich Einzelheiten über die Landschaft und das Leben der Männer am Rande der Zivilisation und in der Schneewüste auf: *Die Natur hat viele Möglichkeiten, den Menschen von seiner Sterblichkeit zu überzeugen – der unendliche Wechsel der Gezeiten, das Wüten des Sturmes, die Schrecken des Erdbebens, der rollende Donner des Himmels –, aber am betäubendsten von allem ist die totengleiche Ruhe des weißen Schweigens. Jede Bewegung hört auf, der Himmel ist klar, das leiseste Flüstern wird eine Entweihung. Und der Mensch wird ängstlich, fürchtet sich vor dem Klang seiner eigenen Stimme. Ein winziges Atom von Leben, zieht er durch die geisterhaften Weiten einer toten Welt, zittert über seine eigene Verwegenheit und erkennt, daß er ein Wurm und nicht mehr ist. Seltsame Gedanken kommen ungerufen, und das große Geheimnis aller Dinge kämpft um Enthüllung. Und die Furcht vor dem Tode, vor Gott, vor dem All kommt über ihn – die Hoffnung auf Auferstehung und Leben, die Sehnsucht nach Unsterblichkeit, die gebundene Kraft seines Wesens, die sich vergebens müht, frei zu werden – ja, wenn je, so wandert der Mensch dann allein mit Gott.*[39]

Londons Gottesbegriff ist nicht christlich, auch nicht pantheistisch, sondern vielmehr naturwissenschaftlich begründet. *Was er gelernt hatte, war, dem Starken zu gehorchen und den Schwachen zu bedrücken*[40], heißt es in dem Roman *White Fang (Wolfsblut)*. Formeln aus Darwins Lehre werden direkt übernommen. *Nicht umsonst war er in der Kindheit dem mitleidlosen Kampf ums Dasein ausgesetzt gewesen*[41], wird über Mensch und Tier, die in der Schneewüste überleben, gesagt, und *sein Charakter entwickelte sich nach dem Gesetz der Vererbung und dem der Umgebung*[42].

Auch Gedanken des englischen Philosophen Herbert Spencer, mit de-

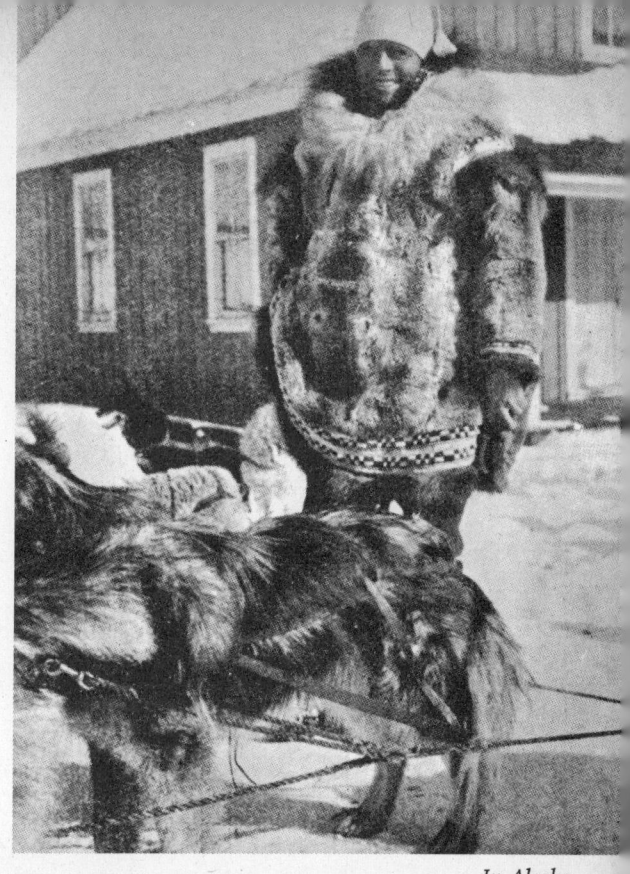

In Alaska

nen er sich ausgiebig beschäftigt hatte, bewiesen sich für ihn in der nordischen Schneelandschaft und im abgeschiedenen Leben der Männergesellschaft. Nach Spencer ist «Kraft» der letzte Grund der Welt. Sie manifestiert sich als Stoff und Bewegung. Bedingung des Erscheinens von Stoff und Bewegung sind Raum und Zeit. Grundlage der Weltordnung ist das Gesetz von der Beständigkeit der Kraft. In allen Erscheinungsformen besteht eine ständige Gleichheit zwischen den erzeugten und den verbrauchten Kräften. «Analytische Wahrheiten» nannte Spencer seine Weltformel der Evolution, unter die er alle Bewegung stellte. Bewegung soll sich danach in einem periodischen Rhythmus von Entwicklung und Auflösung ausdrücken. Beide Bewegungsrichtungen vertauschen sich in der Zeit miteinander, lösen sich ab, ergänzen sich. Spencer faßte den von Darwin präzisierten Evolutionsge-

FORM H.

APPLICATION FOR GRANT FOR PLACER MINING,

AND AFFIDAVIT OF APPLICANT.

I, *Jack London*, of *Dawson, in the Yukon Dist.* hereby apply, under the Dominion Mining Regulations, for a grant of a claim for placer mining as defined in the said Regulations, in *the Henderson Creek Mining Division of the Yukon Dist. more particularly described as placer mining claim No. 54 on the Left Fork Branding Henderson Creek in Indian Mining Division.*

and I solemnly swear:—

1. That I have discovered therein a deposit of *Placer*

2. That I am, to the best of my knowledge and belief, the first discoverer of the said deposit ; or,

~~3. That the said claim was previously granted to~~ ~~but has remained unworked by the said grantee for not less than~~

4. That I am unaware that the land is other than vacant Dominion Land.

5. That I did, on the *16th* day of *Oct*, 189*7*, mark out on the ground, in accordance in every particular with the provisions of ~~subsection (x) of clause~~ eighteen of the said Mining Regulations, the claim for which I make this application, and that in so doing I did not encroach on any other claim or mining location previously laid out by any other person.

6. That the said claim contains as nearly as I could measure or estimate an area of *260 000* square feet, and that the description ~~and sketch~~ of this date hereto attached, signed by me, set forth in detail, to the best of my knowledge and ability, its position, form and dimensions.

7. That I make this application in good faith to acquire the claim for the sole purpose of mining to be prosecuted by myself, or by myself and associates, or by my assigns.

before me at Dawson in Yukon Dist } *Jack London*

Form No. 110.

danken so allgemein, daß er die Geschichte des Lebendigen und des Anorganischen zugleich deuten konnte.

Im Roman *White Fang (Wolfsblut)*, 1906 erschienen, stellte London die Wanderung durch die Schneelandschaft Alaskas als einen Wechsel zwischen Bewegung und Erstarrung dar: *Vor den Hunden wanderte ein Mann auf breiten Schneeschuhen und hinter dem Schlitten ein zweiter. Auf dem Schlitten lag in dem Kasten ein dritter, dessen Mühe und Arbeit vorüber war, ein Mann, den die Kälte der Wildnis niedergeworfen und besiegt hatte, so daß er sich nicht mehr rühren noch regen konnte, denn Bewegung liebt sie nicht. Das Leben ist für sie eine Beleidigung, denn das Leben ist Bewegung, sie aber strebt danach, alle Bewegung aufhören zu machen. So läßt sie das Wasser gefrieren, um zu verhindern, daß es ins Meer fließe, so treibt sie den Saft aus den Bäumen, bis sie ins innerste Herz hinein erstarren; und am grausamsten und schrecklichsten verfolgt sie den Menschen und zwingt ihn zur Unterwerfung, ihn, das ruheloseste aller Wesen, das in steter Empörung gegen den Spruch ist, daß am Ende alle Bewegung aufhören soll.*[43]

In Alaska fand London seine Abenteuerlust und sein Selbstbewußtsein bestätigt; ebenso bewiesen sich für ihn hier aber auch die naturwissenschaftlichen und philosophischen Theorien von Darwin und Spencer. Natur wurde für ihn somit einerseits sinnliche Herausforderung, zum anderen die Bestätigung wissenschaftlicher Erkenntnisse. Spencer hatte ihn gelehrt, daß das Universum ein nach Gesetzen geordnetes Ganzes sei. Das den Kosmos gestaltende Grundprinzip sei das Gesetz der Evolution. Dieses Evolutionsgesetz, von Darwin im biologischen Bereich schlüssig erklärt, dehnte Spencer auf die Psychologie, die Soziologie und die Ethik aus. Im Gegensatz zu Darwin glaubte Spencer an die Vererbung erworbener Eigenschaften. Auch diese Theorie übernahm London von Spencer. *Das Wölflein hatte zwar nie Menschen gesehen, aber dem Instinkt nach kannte es sie. Unklar erkannte es in ihnen das Tier, das über allen andern herrscht. Nicht bloß mit eigenen Augen, sondern auch mit denen seiner Vorfahren blickte es jetzt auf die Menschen – mit Augen, die in der Dunkelheit sich um zahllose Lagerfeuer gedrängt, die aus dem Dickicht aus sicherer Entfernung auf das seltsame, zweibeinige Geschöpf geschaut hatten ...*[44]

Die Fähigkeit, Erfahrungen zu ordnen, sollte nach Spencer nichts anderes als das Ergebnis der Erfahrungen vorangegangener Generationen sein, die sich im Organismus als Struktur festlegten. Diese Gedanken, verbunden mit Darwins Selektionstheorie, ließen London an eine Überlegenheit der weißen Rasse glauben. Diese verfügte über das größte Erfahrungspotential, sie war, wie er in Alaska zu sehen meinte, den einheimischen Indianern überlegen. Das bestätigen auch Londons Hauptfiguren, etwa der Hund Wolfsblut, der den Gerechtigkeitssinn von Indianern preist, ihre Fähigkeit, Steine und Stöcke in lebende Gegenstände zu verwandeln, aber diese Indianer sind Menschen zweiter Klasse, als er zum erstenmal auf Weiße trifft: *Im Fort Yukon erblickte Wolfsblut die ersten Weißen. Mit den Indianern verglichen, die er bisher nur gekannt hatte, erschienen sie ihm wie ein Geschlecht höherer Wesen, wie höhere Götter. Er hatte den Eindruck, als besäßen sie größere Macht, und auf Macht beruhte alle Gottheit. Wie ihm in der Jugend die hohen, breiten Wigwams als Offenbarungen von der Macht der Menschen erschienen waren, so imponierten ihm jetzt die aus mächtigen Blöcken erbauten Holzhäuser des großen Forts. Ja, hier war Macht, und die Weißen besaßen über die Dinge noch höhere Gewalt als die Menschen, die er bis jetzt gekannt hatte und unter denen der Graue Biber der gewaltigste gewesen war. Doch auch er war ein Kind im Vergleich zu den Bleichgesichtern.*[45]

Darwins Selektionstheorie diente London als Grundlage, um weißhäutige Menschen als bevorzugte Wesen anzusehen. Doch die Lehre der Evolution verwies den Menschen auch ins Tierreich, beschrieb ihn als Abkömmling der «Wildnis». Die Lehre der Abstammung des Menschen von Tieren ermöglichten es London, Parallelen zwischen Menschen und Tieren zu ziehen. Ähnlich wie Mackenzie um seine Indianerin Zarinska, kämpfen auch Wölfe ihren «Kampf ums Dasein» aus. Drei Wölfe greifen einander an, um die Liebe einer Wölfin zu gewinnen: *Währenddessen setzte sich die Wölfin, die Ursache und der Preis des Kampfes, geduldig hin und wartete. Sie schaute sehr befriedigt drein. Dies war der Tag ihres Triumphes, der nicht oft kam, der Tag, da um ihren Besitz die Haare der Gegner sich sträubten, die Zähne aufeinanderklappten oder Wunden in weiches Fleisch rissen. Und bei diesem Liebesabenteuer, dem ersten, das der Dreijährige wahrscheinlich gehabt hatte, mußte er das Leben lassen. Zu beiden Seiten seines Leichnams standen die Nebenbuhler. Sie blickten die Wölfin an, die zufrieden dreinschauend im Schnee saß. Allein der alte Wolf war klug, sehr klug, in der Liebe sowohl wie im Kampf. Als der jüngere den Kopf wandte, um eine Wunde an der Schulter zu lecken, kehrte er die Krümmung des Halses dem Nebenbuhler zu. Mit dem einen Auge erschaute der ältere die günstige Gelegenheit. Er schoß auf jenen los und packte ihn an der Gurgel. Er biß tief und scharf zu und zerriß ihm die große Schlagader am Halse ... Und die ganze Zeit über saß die Wölfin da und schaute zufrieden drein. Sie freute sich über den Kampf; dies war das Liebeswerben der Wildnis, die Liebestragödie der natürlichen Welt, eine Tragödie nur für die, die starben, denn für die Überlebenden war es Triumph und Sieg.*[46]

Mechanistische Vorstellungen vom Energieaustausch, biologische Betrachtungen über den «Kampf ums Dasein» bestimmen Londons Naturschilderungen. Darwin hatte ihm gezeigt, daß kein bewußter Wille, keine gezielte Absicht der Naturentwicklung eine Richtung gibt, sondern der alles bestimmende «Kampf ums Dasein». Dieser «Kampf» ist

nach Darwin ein «Zuchtmeister», ohne den es weder Ordnung noch Fortschritt gäbe. «Von den vielen Individuen einer Art», schrieb Darwin, «die regelmäßig geboren werden, kann nur eine kleine Anzahl am Leben bleiben.»[47] Den Begriff «Kampf ums Dasein» gebrauchte Darwin für verschiedene Naturvorgänge: für die Erhaltung der Art und auch für die Erhaltung des biologischen Gleichgewichts unter verschiedenen Arten. «Denken wir über diesen Kampf nach», sagte Darwin, «so können wir uns mit dem zuversichtlichen Glauben trösten, daß der Krieg in der Natur nicht unaufhörlich wütet, daß keine Furcht empfunden wird, daß der Tod im allgemeinen schnell ist und daß der Kräftige, der Gesunde, der Glückliche am Leben bleibt und sein Geschlecht fortpflanzt.»[48]

Die nahe Verwandtschaft zwischen Mensch und Tier ist durch Darwin auf überzeugende Weise deutlich gemacht worden. Aber der so gründlich arbeitende Darwin fügte in sein Spätwerk Passagen ein, die Anlaß zu gefährlichen weltanschaulichen Verallgemeinerungen und ethischen Folgerungen boten. Zwar liegt es nahe, Modelle experimenteller Erfahrungen und unmittelbarer Beobachtung der Natur durch gesellschaftliche Kategorien wie «Kampf ums Dasein» oder «Milieuanpassung» zu interpretieren und folgerichtig zu gesellschaftspolitischen Leitvorstellungen zu machen. Aber die Anwendung des Sozialdarwinismus hat gezeigt, wie wenig diese naturwissenschaftlichen Theorien geeignet sind, um daraus Maßstäbe für ethisches Handeln zu gewinnen. Jack London ist in seinen Schriften nicht selten in der Gefahr, dem Sozialdarwinismus das Wort zu sprechen, etwa in bezug auf die Indianer, die gegen Weiße unterliegen.

Wie konnte London, der sozialistische Ideen von Gleichheit aller Menschen, von Solidarität und Freiheit vertrat, die naturwissenschaftlichen Theorien der Evolutionisten in sein Denksystem einordnen? Spencer wies ihm einen Weg. In seinem Hauptwerk «A System of Synthetic Philosophy» beschrieb Spencer den idealen gesellschaftlichen Zustand am Ende aller Evolution: «Es wird eine Art von Mensch sein, der mit spontaner Erfüllung seiner eigenen Natur nebenbei auch die Funktionen einer sozialen Sicherheit verwirklicht und doch nur deshalb seiner eigenen Natur zu folgen vermag, weil alle andern dasselbe tun.»[49] Daraus leitete Spencer seine ethischen Prinzipien ab. Moral wurde zu einem im Überlebenskampf entstandenen Produkt der Anpassung, das jeweils auf das Nützliche zielte. Der moralische Wert einer Handlung

Aus dem Film «Wolfsblut»

Goldwäscher

und die soziale Gerechtigkeit sollten danach bemessen werden, ob die Handlung sowohl dem Individuum als auch der Art nützt.

Ausgleich der individuellen und öffentlichen Interessen: Diese Aufgabe und Frage verfolgte Jack London ein Leben lang. Gerechtigkeit war in der Natur nicht zu finden, *es war eine öde, materialistische Welt. Ihm erschien sie rauh und roh und ohne Wärme, eine Welt, in der Liebkosungen und Zuneigung und die sanfteren Regungen des Gemüts nicht vorhanden waren.*[50] Soziale Gerechtigkeit, Friedfertigkeit konnte allenfalls in der menschlichen Gesellschaft gefunden werden. Natur, das hatte sich für London wissenschaftlich überprüfbar gezeigt, erwies sich als ein *Kampf ums Dasein*, als *mitleidlos*, voller *unbarmherziger Grausamkeit*[51]. Die Natur betrachtete London immer wieder mit Faszination: als Platz des Abenteurertums, als Herausforderung.

Der erfolglose Goldsucher Jack London verließ im Juni 1898 die Gebiete um Stewart und Klondike River. In einem kleinen offenen Boot fuhr er dreitausend Kilometer den Yukon hinab, über die Bering-See und erreichte St. Michael. Er heuerte auf einem nach British Columbia gehenden Schiff als Heizer an und fuhr als Zwischendeckpassagier weiter nach Seattle. Als Tramp schlug er sich auf Güterzügen in Richtung Oakland durch. Ohne Geld kam er zu Hause an. Sein Stiefvater, John London, war inzwischen gestorben. Wieder erwartete die Familie – die Mutter, Stiefschwester Ida und ein fünfjähriger Adoptivsohn Floras, ein neues Familienmitglied –, daß er für sie arbeiten werde.

Die Finanzkrise von 1893 lähmte Kalifornien auch noch nach Londons Rückkehr im Jahre 1898. Nur mit Mühe fand Jack London Gelegenheitsjobs. In einer Zeitung entdeckte er die Notiz, daß Prüfungen für den Postdienst abgehalten würden. Er meldete sich zur Prüfung, bestand das Examen, aber es war keine Stelle frei. Da las er in der Zeitschrift «Examiner», daß Magazine für 1000 Worte Text 10 Dollar zahlten. Er schrieb einen Bericht über seine Bootsfahrt auf dem Yukon. Der «Examiner» schickte jedoch kein Honorar; er bestätigte nicht einmal den Empfang des Manuskripts. Nun hatte sich London aber in den Kopf gesetzt, Schriftsteller zu werden. Er schrieb weiter. Um Geld zu verdienen, mähte er Rasen, klopfte Teppiche. Er hungerte und litt noch an den Folgen von Skorbut, die er sich in Alaska zugezogen hatte.

Sieben Erzählungen schickte London mehrfach ab, an verschiedene Zeitungsredaktionen, auch eine Geschichte in Fortsetzungen, ehe er vom «Overland Monthly» eine positive Antwort erhielt. Die Zeitschrift, 1868 vom Erzähler Bret Harte in San Francisco gegründet, akzeptierte die Kurzgeschichte To the Man on Trail (Auf der Rast). Ich konnte den Brief nicht gleich öffnen, schrieb London in Erinnerung an diesen Tag, er schien mir heilig zu sein. Er enthielt das geschriebene Wort eines Redakteurs. Seine Zeitschrift gehörte zu den besten. Ich wußte, er hatte eine Erzählung von viertausend Worten von mir erhalten. Was bietet er mir an, fragte ich mich. Mindestens, sagte ich maßvoll zu mir, vierzig Dollar ... Der Kern des Briefes lautete einfach, daß meine Erzählung brauchbar sei und in der nächsten Ausgabe gedruckt würde. Das Honorar wäre fünf Dollar.

Fünf Dollar! Ein Dollar und fünfundzwanzig Cent für tausend Worte! Daß ich nicht auf der Stelle tot umfiel, beweist, wie sehr ich über eine ungewöhnliche Widerstandskraft verfüge, die mich überleben läßt ... [52]

Am Nachmittag desselben Tages erhielt London einen zweiten Brief, diesmal von einer Zeitschrift der Ostküste, «The Black Cat». Er würde einen Scheck über 40 Dollar empfangen, so hieß es in dem Schreiben, wenn er die Einwilligung zur Kürzung seiner eingesandten Erzählung gäbe. London erteilte sofort seine Zustimmung. Seine Laufbahn als Schriftsteller begann auf eine für ihn typische Weise. Kunstvorbehalte kannte er nicht. Er überließ dem Redakteur die Kürzungen. Für ihn stand die Frage im Vordergrund: Wieviel Wörter mußte er schreiben, um einen Dollar zu verdienen?

Am 16. Januar 1899 schrieb das Postamt, bei dem er das Examen für den Postdienst bestanden hatte, daß eine Stelle freigeworden sei. Es handelte sich um eine sichere Anstellung, die monatlich 65 Dollar einbringen würde. London entschied sich gegen das verlockende Angebot, das ihm ein ruhiges Leben verhieß. Jetzt, nachdem Verkauf zweier Kurzgeschichten, sah er sich als *großen Schriftsteller*. Er entschied, ein *großer Schriftsteller* zeichne sich dadurch aus, daß er über Gesundheit, Arbeitslust, eine Weltanschauung und Aufrichtigkeit verfüge. Dieses Bild vom Schriftsteller stellte nichts anderes als ein Selbstporträt des zweiundzwanzigjährigen Jack London dar. Er selbst war der *große Schriftsteller*. Er wollte über das *wirkliche Leben* schreiben, anders als die Magazinautoren, die einen Schleier falscher Romantik über ihre Charaktere warfen, anders auch als die Journalisten, die über das Goldfieber in Alaska im Stil der täglichen Sensationen berichteten. Doch London stellte fest, daß er das schriftstellerische Handwerk nicht genügend beherrschte. Er las Autoren, die ihn interessierten: Scott, Dickens, Poe, George Eliot, Whitman, Stephen Crane, insbesondere aber Kipling und Stevenson. Sie wählte er zu seinen Vorbildern. In Kipling und Stevenson fand er Autoren, die ohne jeden Gefühlsüberschwang realistisch und spannend erzählten. Skepsis gegenüber Kipling, der nicht zuletzt auch den englischen Imperialismus verherrlichte, hat London niemals geäußert. «Zu den größten Dingen der Welt gehörte für Jack das Wort – schöne Wörter, musikalische Wörter, kraftvolle Wörter, scharfe und schneidende Wörter. Schwere wissenschaftliche Bücher las er stets mit einem Wörterbuch in der Hand; er schrieb bestimmte Ausdrücke auf Zettel, die er in den Spiegelrahmen steckte, so daß er sie sich beim Rasieren und Ankleiden einprägen konnte. Listen solcher Wörter hängte er mit Stecknadeln an einer Wäscheleine auf, damit er die Bezeichnungen und den Vermerk über ihre Bedeutung bei jedem Aufblicken und jedem Gang durchs Zimmer vor Augen habe. Immer trug er in jeder Tasche solche Listen mit sich herum, las sie auf dem Weg zur Bibliothek . . .»[53]

Regenmantel, Anzug, schließlich auch sein Fahrrad und seine Schreibmaschine versetzte London beim Pfandleiher, um sich und die Familie mit Geld zu versorgen. Die wenigen Aufträge der Zeitschriften brachten ihm nicht die Lebensgrundlage ein. Einmal drohte er den Redakteuren des «Overland Monthly» Gewalt an, drang in das Redaktionsbüro ein, weil sein Honorar nicht überwiesen worden war. Im Februar 1899 hatte die Zeitschrift seine Erzählung *The White Silence (Das weiße Schweigen)* publiziert, ohne das versprochene Honorar von 7 Dollar und 50 Cents an Jack London zu zahlen. Durch sein drohendes Auftreten erhielt London das Geld. Er kämpfte seinen «Kampf ums Dasein» wie die Hauptfiguren seiner Kurzgeschichte: *Als er das Lager erreichte, sah er Ruth mitten unter den knurrenden Hunden stehen und mit einer Axt um sich schlagen. Die Hunde hatten das eiserne Gesetz ihrer Herren übertreten und waren an den Proviant gegangen. Mit erhobenem Kolben sprang er zwischen sie, und der uralte Kampf ums Dasein wurde mit all der Brutalität seiner ursprünglichen*

Bret Harte

Umgebung ausgekämpft. Büchse und Axt fuhren auf und nieder, trafen oder fehlten mit monotoner Regelmäßigkeit. Geschmeidige Körper flogen hoch mit wilden Augen und schäumendem Rachen, Menschen und Tiere stritten wild um die Vormacht. Dann krochen die geschlagenen Bestien ans Feuer, leckten ihre Wunden und heulten ihr Elend den Sternen zu.[54]

London fand in der Darstellung des Brutalen und Elementaren neue Wege für die amerikanische Literatur. Auch die «frontier», die Grenze der Zivilisation, betrachtete er als großes, erzählerisches Thema, nicht nur für die gehobene Erzählkunst, sondern auch für jene Kurzgeschichten, die weite Leserkreise mit spannender Unterhaltung und dramatischen Stoffen versorgte: der «popular culture». London bemühte sich, in spannenden und unterhaltenden Darstellungen den durch naturwissenschaftliche Entdeckungen und Theorien entwickelten Begriff der Natur und dessen Bedeutung im Leben des Menschen zu umreißen. Ständig betonte er den Einfluß der Umwelt. Die im Menschen verankerte animalische Vergangenheit zeigte er in elementaren Ausbrüchen. Er knüpfte an Erfahrungen des literarischen Naturalismus in Europa an.

Der europäische Naturalismus, der Vererbungslehre und Milieutheorie literarisch einkreiste, fand in den Vereinigten Staaten durch den traditionellen Optimismus und die allgemeine Prüderie nur langsam Interesse. Zola hatte 1880 in Frankreich gefordert, daß der Schriftsteller ein Wissenschaftler sein müsse, ein Analytiker, ein Anatom und daß

sein Werk die Genauigkeit und praktische Anwendbarkeit einer naturwissenschaftlichen Arbeit haben solle. Aber vor 1900 nahm kein amerikanischer Romancier diese Anweisungen ernst. «Es lassen sich viele Phasen des Naturalismus in der amerikanischen Prosa feststellen», heißt es in der von Spiller, Thorp, Johnson und Canby herausgegebenen «Literaturgeschichte der Vereinigten Staaten», «etwa in der moralischen Verwirrung und Bestürzung Mark Twains und Harold Frederics, in der derberen Form des Realismus bei E. W. Howe und Hamlin Garland, in den Geschichten voll starker Handlung von Frank Norris und Jack London oder in den kühnen Miniaturen Ambrose Bierces und Stephen Cranes. Aber es gab keinen einzigen Schriftsteller, den man wirklich einen Naturalisten hätte nennen können, keinen, der sich – vor Dreiser – der Weltanschauung, dem Stoff und der Methode Zolas ganz und gar zugewandt hätte.

Vier Schriftsteller kamen jedoch um die Jahrhundertwende dem Wesen des Naturalismus schon nahe: Hamlin Garland, Stephen Crane, Frank Norris und Jack London. Jeder einzelne entfernte sich auf eigene Weise um einen entscheidenden Schritt von dem literarischen Realismus Howells' oder der seichten Romantik F. Marion Crawfords; jeder versuchte, die Methode oder die Erkenntnisse der Naturwissenschaften wenigstens teilweise auf die Kunst anzuwenden. Hauptsächlich im

Rudyard Kipling

Werk dieser vier nahmen die Technik und die Lebensdeutung der ernsthaften modernen amerikanischen Prosadichtung ihren Anfang.»[55]

Theoretischer Gründer einer realistischen Literatur in den USA war William Dean Howells. Er überging aber viele wichtige Seiten des menschlichen Lebens und Erlebens, denn er schloß tragische Stoffe für den amerikanischen Realismus aus. Der Romancier in den Vereinigten Staaten sollte sich nur mit den «freundlichen Seiten des Lebens» beschäftigen. Das Romantische sparte Howells aus, weil es ihm als Ausnahmefall erschien. Ebenso verbannte er Sexualität und Erotik aus der Literatur. Howells' optimistische Grundhaltung entsprach dem Zeitgeschmack eines Landes, das auch in der zweiten Hälfte des 19. Jahrhunderts noch dem Glauben an unbeschwerte Sicherheit, Selbstbestimmung, republikanischen Hoffnungen, der eigenen Rechtschaffenheit und Beispielhaftigkeit für die Menschheit anhing. Andererseits führte Howells realistische Behandlung des Alltäglichen in seinen Romanen, seine einfache, streng funktionale Sprache zum Naturalismus eines Stephan Crane, der mit seinem Roman «Maggie. A Girl of the Streets» (Maggie, das Straßenkind) eine grausame und zerrissene Welt schilderte. Cranes Roman wurde jedoch als so schockierend empfunden, daß der Autor ihn privat drucken lassen mußte und unter einem Pseudonym publizierte. Slang, drastische Umgangssprache, Darstellung der Unterprivilegierten,

William Dean Howells

eine Prostituierte als Hauptfigur, das alles führte Crane in die amerikanische Literatur ein, orientiert an Zola. Ebenso wie Frank Norris gilt Crane als Schlüsselfigur der modernen amerikanischen Erzählkunst, beide am Anfang des beginnenden Naturalismus in den USA stehend, der theoretisch von Hamlin Garland mitbegründet wurde. Crane und Norris, beide älter als Jack London, zählten zu Londons Anregern und Vorläufern, Norris insbesondere, da auch er sich von Stevenson und Kipling beeinflußt wußte. Mit Norris, Crane, Garland und Jack London überwindet die amerikanische Literatur den verharmlosenden Realismus und entwirft eine eigene Form des Naturalismus, der für die Entwicklung von Sherwood Anderson und Upton Sinclair, Theodore Dreiser und Sinclair Lewis entscheidend ist, ja sogar noch für die Arbeiten von Hemingway und Faulkner. Fragen und Themen, die Norris, Crane, Garland und London behandelten, beschäftigten die amerikanische Literatur mehr als fünfzig Jahre. Diese Autoren hatten gewagt, die Bürger zu schockieren, zu protestieren, den Industrialismus kritisch zu beobachten, wenn auch zum Teil aus einem vorindustriellen Blickwinkel, und eine neue Literatursprache zu fordern.

In einem Punkt sollte aber Jack London niemals die amerikanische Literaturtradition verletzen: in der Darstellung von Frauen. Sie sind bei ihm verehrenswerte ätherische Wesen ohne Eigenleben. Sie gehorchen und dienen den Männern, bewundern die männliche Kraft. Wenn sie aktiv handeln, dann erscheinen sie wie Kopien von Männern, als Vertreter des weißhäutigen Amerika, die den Indianern ihre Überlegenheit fühlen lassen. Der Indianer Sitka Charley sagt sich: *Hätte sich in ihren Augen ein Anflehen um Mitleid gezeigt, hätte ihre Stimme gezittert, hätte sie sich auf ihre weiblichen Rechte berufen – er wäre augenblicklich kalt und hart wie Stahl geworden. Aber ihre tiefen forschenden Augen, ihre klare Stimme, ihr völliger Freimut und die Art, wie sie ihn ohne weiteres als ihresgleichen behandelte, hatten ihm seine Kaltblütigkeit geraubt. Er fühlte, daß er es hier mit einer neuen Art von Weib zu tun hatte, und ehe sie viele Tagesreisen Genossen gewesen, hatte er verstanden, warum die Söhne solcher Frauen Land und Meer beherrschten, und warum die Söhne von Frauen seiner eigenen Rasse ihnen nicht widerstehen konnten.*[56]

Zumeist leben Frauen in der nordischen Männerwelt Jack Londons, in der «frontier»-Gesellschaft, nur in der Erinnerung der Gold- und Glücksucher. Sie werden sentimentalisiert. In der ersten Erzählung, *To the Man on Trail (Auf der Rast)*, mit der London seine schriftstellerische Laufbahn nach dem Alaska-Aufenthalt begann, sehen sich Männer das Foto einer Frau an: *Und so ging sie von einer rauhen Hand in die andere – diese kolorierte Photographie einer Frau, von eben der lieblichen Art, wie solche Männer sie sich in ihrer Phantasie denken, mit einem Kind an der Brust. Die das Wunder noch nicht gesehen hatten, waren wild von Neugier; die es gesehen, schweigsam und nachdenklich. Sie konnten dem Hunger, dem Schrecken des Skorbuts, einem plötzlichen Tode zu Wasser und zu Lande ins Auge sehen, aber das kolorierte Bildnis einer unbekannten Frau mit ihrem Kinde machte sie alle zu Frauen und Kindern.*[57]

Spricht jemand in dieser Welt der Männer prahlerisch von seinen *Liebesabenteuern*, dann wirkt er wie ein *schmutziges, unkultiviertes Tier, das in den Kot zu den Schweinen*[58] gehört. Geschlechtliche Beziehungen zwischen Mann und Frau werden in den Bereich der *Wildnis* verdrängt. Akzeptiert ist die Mutterschaft, insbesondere, wenn die Frau *Mutter von Wölfen*[59] wird. Männer begutachten die Frauen geradezu nach ihrer Fähigkeit zum Gebären.

In der Erzählung *The Son of the Wolf (Der Sohn des Wolfs)*, die London im April 1899 an den «Overland Monthly» verkaufte, schilderte der Autor, warum seine selbstgenügsamen, in der arktischen Natur lebenden Männer an Frauen denken: *Männer schätzen ihre Frauen selten gebührend ein, wenigstens nicht, ehe sie sie verloren haben. Der Mann weiß nicht die wunderbare Atmosphäre zu schätzen, von der die Frau*

Stephen Crane

umgeben ist, solange er darin lebt; nimm sie ihm aber, und eine stets wachsende Leere beginnt sich in seinem Dasein zu offenbaren, und ihn überkommt eine Art Hunger, etwas so Unbestimmbares, daß er es nicht ausdrücken kann. Haben seine Kameraden nicht mehr Erfahrung als er selber, so werden sie verständnislos den Kopf schütteln und ihm schwere körperliche Arbeit auferlegen. Aber der Hunger wird zunehmen, der Mann wird das Interesse für die Begebenheiten des täglichen Lebens verlieren und kränkeln, bis er eines schönen Tages, wenn das Gefühl der Leere unerträglich geworden ist, eine Erleuchtung hat.[60]

Die Erleuchtung des Goldsuchers heißt, daß er sich eine Frau, eine Indianerin, *erkämpfen* müsse. Diese Indianerinnen verkörpern in Jack Londons Alaska-Erzählungen immer wieder die Frauen, in deren Augen *eine große Liebe zu ihrem weißen Herrn und Gebieter* aufleuchtet, Frauen, die dankbar ihre Abhängigkeit vom Mann akzeptieren, wie etwa Ruth in der Erzählung *The White Silence* (*Das weiße Schweigen*): *Er war der erste Weiße, den sie je gesehen – der erste Mann, den sie je ein Weib besser als ein Lasttier hatte behandeln sehen.*[61]

Und wie verhält sich eine Indianerin, deren Mann sie verlassen will und sich um die aus dem Süden andrängenden weißen Frauen bemüht? Sie verwandelt sich in ein Mädchen der kalifornischen oberen Klassen, übt zu tanzen, zieht Satinschuhe an, streift Kleider über, will ihren Mann zurückerobern. Ihr Selbstgefühl hebt sich, indem sie sich, die zudem einen weißhäutigen Vater hatte, in eine Kopie der weißen Oberklassen verwandelt: *Bisher hatte sie sich für eine Frau fremder Rasse und niedriger Kaste angesehen, die von der Gnade ihres Herrn lebte. Ihr Mann war ihr wie ein Gott erschienen, der sie zu sich erhoben hatte, ohne ein Verdienst von ihrer Seite. Aber nie, selbst nicht, als der kleine Cal geboren wurde, hatte sie vergessen, daß sie nicht seinem Volke angehörte. Wie er ein Gott war, so waren die Frauen seines Volkes Göttinnen. Vielleicht hätte sie Vergleiche zwischen sich und ihnen gezogen; nie aber hätte sie sich ihnen gleichgestellt. Möglicherweise hätte sie indessen doch diese rastlosen weißen Männer verstanden und richtig beurteilt. Bewußte Analyse war allerdings etwas, das über ihren Verstand ging. Aber ihr weiblicher Scharfsinn sagte ihr, was in solchen Dingen richtig war.*[62]

Mit der *Routine einer weißen Frau* erobert sich die Halbindianerin Madeline ihren Mann, Cal Galbraith, zurück. Unterstützung erhält sie von Freunden ihres Mannes, die sie in die Schwächen ihres *eigenen Geschlechts* einweihen, *bis sie verstand, welche Toren die Männer im Grunde waren, und warum der Wille ihrer Frauen ihnen Gesetz war*[63]. Die Frau als Verkörperung der moralischen Normen eines puritanischen Amerika ist *Gesetz*. Andererseits ist sie, insbesondere als Indianerin, Teil der Natur und des *Kampfes ums Dasein*.

Als Frauenideal galt dem zweiundzwanzigjährigen London seine Liebe aus der Schulzeit, Mable Applegarth, ein Mädchen aus der oberen Mittelschicht, die er sich als kühle Gottheit hoch über dem Kampf und dem Lärm der Welt vorstellte, eine Frau, die ihn, das Arbeiterkind, nicht verstehen konnte. *Mich – wie ich in all diesen Kämpfen gefühlt und gedacht habe, wie ich jetzt fühle und denke*, schrieb er ihr Ende November 1898, *mich kennst Du nicht. Hungrig! Hungrig! Hungrig! Von der Zeit an, da ich mir Nahrung stahl und nichts hörte als den Schrei meines Magens bis heute, wo der Schrei lauter ist, ist es Hunger gewesen und nichts als Hunger.*[64]

Jack London betonte, daß Mable Applegarth ihn nicht verstehen könne und ihn niemals verstehen werde. Sie wünschte, daß er eine gesicherte Arbeitsstelle annahm und die Schriftstellerei aufgab. London verstand diese Mable Applegarth jedoch auch nicht. Er verwandelte sie in eine Puppe, in ein Idealbild, in eine Figur seiner Erzählungen, die kaum noch menschliche Eigenschaften aufwies. Frauen gegenüber zeigte London ein gestörtes Verhältnis. Frauenbildnisse sollten ihm, trotz aller Bemühungen, in seiner schriftstellerischen Arbeit immer wieder mißlingen. Frauenbilder zerstörten oft die Konstruktionen seiner besten Romane. So wird etwa Maud Brewster in dem Roman *The Sea-Wolf (Der Seewolf)* zum Ideal der «mate woman» stilisiert, einer femininen und kameradschaftlich-mutigen Frau. Aber durch ihr Erscheinen verwandelt sich der Roman des Seemannslebens in ein moralistisches Traktat.

Jack London wußte, daß er sich und seine Leser mit seiner Darstellung von Frauen betrog. Er paßte sich den öffentlichen Moralvorstellungen an, ja, er war dem puritanischen Sittenkodex selbst verhaftet. Gegen Ende seines Lebens beabsichtigte er, ein Buch zu schreiben, in dem er seine Desillusionierung und seine Verachtung der Frau als parasitäres, eitles und haltloses Geschöpf erläutern wollte. Er plante also, seine übersteigerte Idealisierung der Frau umzukehren in eine Verachtung. Das beweist, daß London kaum ein reales Verhältnis zu Frauen gewann, daß er den Urteilen und Vorurteilen seiner Zeit verhaftet war.

«Das Buch, das er plante, sollte unter dem durchsichtigen Pseudonym ‹Jack Liverpool› publiziert werden. Einer seiner besten Freunde sagte mir», erklärte Upton Sinclair, «er sei froh, daß Jack nicht dazu kam, es zu schreiben. Ich aber bedaure den Verlust dieses Buches aufs tiefste, denn ich glaube, daß unsere Zukunft von der Aufdeckung der Verlogenheit unserer Klassenmoral abhängt, jener Institution, die ich ‹Ehe plus Prostitution› nenne. Welch ein Erwachen hätte es für die Mütter unserer sogenannten besseren Kreise bedeutet, wenn Jack London die wahre Geschichte seiner Erfahrungen mit ihren Töchtern der Welt geschenkt hätte! Zum Beispiel als Schuljunge in Oakland mit den jungen Mädchen der oberen Schichten! . . .

Jack London träumte . . . von einer starken, freien, stolzen Frau, der Gefährtin eines starken, freien, stolzen Mannes . . .

Daß er auf unehrliche Art über geschlechtliche Dinge schreiben mußte, war die Hauptursache für die Verachtung der eigenen Arbeit, die Jack London, zur ungeheueren Überraschung aller, die seine Bücher bewunderten, so häufig und leidenschaftlich ausdrückte.»[65]

Nach Upton Sinclair soll der erfolgreiche Jack London gesagt haben, daß er fast alle seine Romane und Erzählungen haßte, sie nur geschrieben habe, weil er Geld brauchte und es durchs Schreiben auf leichte Art verdienen konnte. «Könnte ich nach Belieben handeln, ich würde nur die Feder in die Hand nehmen, um sozialistische Essays zu schreiben oder der bourgeoisen Welt mitzuteilen, wie sehr ich sie verachte»[66], legte Upton Sinclair einem Mann in den Mund, der über die Widersprüche in seinem Leben verzweifelte. Aber der jugendliche London in Oakland, der Erzählung um Erzählung schrieb, kannte diese Verzweiflung nicht. Er plante seinen Aufstieg zum erfolgreichen und anerkannten Schriftsteller. Er hatte den Fortschrittsglauben der Vorwärtsstrebenden seiner Zeit akzeptiert. Das Leben betrachtete er als Kampf, auf den er, ein mit *Logik ausgestattetes Tier,* vorbereitet war; andernfalls wäre er schon umgekommen, zurückgeblieben, *am Wegrand* verendet.

Der Erfolg kündigte sich an, als die literarische Zeitschrift «Atlantic Monthly» die Erzählung *An Odyssey of the North (Eine Odyssee des*

Nordens) zur Publikation annahm. Die in Boston herausgegebene Zeitschrift zählte zu den literarischen Richtern des Landes. Der Cheflektor bat London, dreitausend Worte aus der Erzählung herausstreichen zu dürfen. Wieder willigte London in die Kürzungsabsichten eines Redakteurs ein, erhielt er doch ein für ihn ungewöhnliches Honorar: 120 Dollar. Er konnte Schulden bezahlen, Pfänder vom Leihhaus holen, Miete entrichten, Fleisch und Brot kaufen, die Familie versorgen.

Am 21. Dezember 1899 unterschrieb London einen Vertrag des Verlegers Houghton Mifflin & Company, der einen Band seiner Kurzgeschichten herausgeben wollte. Die «short story», jene für die amerikani-

Upton Sinclair

sche Literatur typische Erzählform, von der Magazinkultur geprägt, auf Spannung und Effekt zielend, angewiesen auf publizistische Bedingungen, auf Lesersoziologie und -psychologie, ist der Ausgangspunkt für Londons literarische Wirkung in den USA. London stellte sich mit seinen Alaska-Erzählungen auf die Neugierde eines Publikums ein, das aus der Region der sagenhaften Goldfunde Nachrichten, Informationen, Geschichten wünschte. Schock und Sensation, Muster amerikanischer Kurzgeschichten, und das überraschende Ende des Handlungsganges setzte London ein; ebenso spielte er mit den traditionellen «frontier»-Erfahrungen: Männergesellschaft, Herausforderung durch die Natur, Bewährung, amerikanischer Traum von Unabhängigkeit, Optimismus. In dieses Umfeld des «American Dream» führte London aber naturwissenschaftliche Erkenntnisse ein und eine in der amerikanischen Literatur vorher kaum gehörte Sprache, so daß sich der konservative Verleger der Kurzgeschichten in seiner Verlagsankündigung von seinem Autor vorsichtig distanzierte: «Er geht mit dem üblichen Slang der Goldsucherlager ein wenig zu freigebig um; jedenfalls ist seine Sprache alles andere als elegant, aber sein Stil hat Frische, Lebendigkeit und Kraft. Er entwirft ein anschauliches Bild von den Schrecken des Frostes, der Dunkelheit und des Hungers, den Freuden menschlicher Kameradschaft in einer feindlichen Umwelt und den edlen Eigenschaften, die der harte

Kampf mit der Natur hervorruft. Der Verfasser überzeugt den Leser, daß er dieses Leben selber gelebt hat.»[67]

Im April 1900 publizierte der Verlag die Sammlung der Kurzgeschichten unter dem Titel *The Son of the Wolf*. Das Buch wurde von der Kritik begrüßt und der Autor mit Kipling verglichen. Monate später schrieb London einem Freund sein literarisches Glaubensbekenntnis: *Studiere Stevenson und Kipling, und Du wirst sehen, daß beide sich aus ihren Werken heraushalten und daß, was sie schaffen, lebt und atmet und einen so packt, daß die Leselampe weit über die Schlafenszeit hinaus brennt. Atmosphäre bildet sich nur, wenn der Autor hinter sein Werk zurücktritt. Wende Deine gute, kräftige Diktion an und schreibe frische, lebendige Sätze; schreibe intensiv und knapp, nicht breit und erschöpfend; berichte nicht – zeichne, male, baue!* [68]

Während seiner Arbeit an den Kurzgeschichten machte sich London Notizen über Kriege, den internationalen Handel, Streiks, die Frauenbewegung, moderne Forschungen, Medizin, technischen Fortschritt. Er ordnete die Aufzeichnungen in eine Kartothek. Diese Kartothek diente ihm als Grundlage für Essays, die er neben den Kurzgeschichten schrieb. Zwar arbeitete er hauptsächlich an seinem literarischen Werk, aber dennoch verfaßte er zum Beispiel einen Aufsatz über *The Question of the Maximum (Die Frage des Profits)*. Auf einer Versammlung der Sozialisten las London in Oakland vor, was er sich an wirtschaftstheoretischen Begriffen angeeignet hatte und welche Schlußfolgerungen er zog. Er machte auf die Folgen des Kapitalexports der industrialisierten Länder aufmerksam. Maschinen und Fabriken würden in wenig industrialisierte Länder ausgeführt. Diese Länder würden ihre Wirtschaft entwickeln, Profite anhäufen, ebenfalls Ausfuhr betreiben wollen. Das müsse unweigerlich zu Wirtschaftskriegen führen. Einzig der Aufstand des Volkes, das Produktion und Verteilung der Güter in seine Hand nähme, könnte die Wirtschaftskämpfe beenden.

Wenn auch Londons Schlußfolgerung richtig ist, wenn er auch den drohenden Krieg richtig vorhersah, so unterschätzte er die Praxis des amerikanischen Wirtschaftsexports. Ebenso wie England etwa exportierten die Vereinigten Staaten Anlagen und Kapitalsummen. Der Rückstrom von Zinsen und Dividenden bezahlte die ursprüngliche Investition vielfach und füllte die Schatzkammern der Muttergesellschaften. Der Rückstrom der Kapitaleinkünfte ist größer als die Kapitalausfuhr, eine bis heute geübte imperialistische Praxis, und die importierenden Länder werden wirtschaftlich und politisch von dem exportierenden Land, den Vereinigten Staaten, abhängig. Wirtschaftskriege entstanden in den Jahren nach Londons Analyse einzig zwischen den exportierenden Ländern, den Großmächten, die um ihre Absatzmärkte kämpften.

London beeindruckte mit seiner Rede die Oaklander Sozialisten so sehr, daß sie ihn baten, jeden Sonntag eine Vorlesung zu halten. Er ak-

Anna Strunsky

zeptierte das Angebot und stand Sonntag für Sonntag, ohne Bezahlung, am Rednerpult.

Im Dezember 1899, auf einem Treffen der «Sozialistischen Arbeiterpartei» begegnete London der Studentin Anna Strunsky. Sie stammte aus einer jüdischen Familie, die vor den Pogromen aus Rußland geflohen war. Im Haus ihrer Eltern traf sich die Kulturwelt San Franciscos. Jack London wurde ein häufiger Gast der Strunskys. Er stritt und diskutierte mit Anna über sozialpolitische und wirtschaftliche Fragen. Die Studentin bemühte sich, die Widersprüchlichkeit von Londons Denken aufzuzeigen, denn er hatte in einem Brief geschrieben: *Ich glaube nicht an die allgemeine Verbrüderung der Menschheit.*[69] In seinem Vortrag vor den Sozialisten hatte er aber betont, daß eine friedliche Weltordnung entstehen würde, wenn überall das Volk die Wirtschaft in die Hand nähme. Wäre das nicht eine allgemeine Verbrüderung? Londons Antwort lautete, daß nach seinen wissenschaftlichen Erkenntnissen ohnehin eine Menschengruppe, *seine Rasse,* sich durchsetzen würde. Die Evolutionstheorie würde das beweisen. *Ich bin wissenschaftlicher Sozialist, kein Utopist, ein Mann der Ökonomie und nicht der Phantasie.*[70] Aber ist dieser *wissenschaftliche Sozialist* nicht ein amoralischer Mensch? London verneinte es. *Man gebe mir die Millionen, und ich werde die Verantwortlichkeit übernehmen.*[71]

Anna Strunsky suchte in Jack London «den Sozialdemokraten, den Revolutionär, den moralischen und romantischen Idealisten ... den Dichter»[72]. Sie fand aber einen Mann, der Geld und Erfolg wollte, um *Verantwortlichkeit* übernehmen zu können. Anna Strunsky warnte ihn, entgegnete ihm, daß derjenige, der Reichtum und persönlichen Erfolg erstrebe, ein Nutznießer der kapitalistischen Ordnung sei. In seinem Denken und seinen Taten bleibe er dieser Ordnung verhaftet. Er könne sich nicht lösen. London bestritt dies. Anna Strunsky notierte: «Unsere Freundschaft läßt sich als ein Kampf beschreiben.»[73]

Die redegewandte, kluge Siebzehnjährige, die freundliche Sozialistin, verhielt sich anders als alle Frauen, die London bisher kennengelernt hatte. Sie trat selbstbewußt auf, stritt leidenschaftlich und begegnete dem Mann, der ihr wie Lassalle, Marx und Byron in einer Person vorkam, mit Freundschaft. *Nimm mich,* schrieb London an Anna Strunsky in den ersten Tagen ihrer Bekanntschaft, *als einen verirrten Gast, einen Albatros, der mit salzwasserbenetzten Schwingen einen Augenblick durch Dein Leben sprüht, als einen ungestümen, unsteten Vogel, gewöhnt an die Weite, ungewohnt der Annehmlichkeiten eines umhegten Daseins.*[74]

Die Dinge laufen, wie ich sie haben will, schrieb London an einen Freund, *und wenn es auch Jahre dauert. Niemand zwingt mir seinen Willen auf, außer in Kleinigkeiten des Augenblicks. Ich bin nicht hartnäckig, aber ich verfolge mein Ziel so beständig, wie die Nadel den Pol sucht. Verzögerung, Ausweichen, geheimer oder offener Widerstand, das alles ist unwesentlich, es geht doch nach meinem Willen.*[75] Nach Jack Londons Willen verlief aber nicht die Liebe zu Mable Applegarth, jenem Mädchen aus wohlhabendem Haus, das er nie aus der Abhängigkeit zu ihrer Mutter und ihrer Umwelt lösen konnte. Liebe zu Mable Applegarth, Freundschaft mit Anna Strunsky – geheiratet hat Jack London aber Elizabeth Maddern, ein plötzlich, überraschender Entschluß, den er in einem Brief begründete: *Am Sonntagmorgen hatte ich nicht die geringste Absicht, das zu tun, was ich nun vorhabe. Ich sah mir das Haus an, in das ich hineinziehen wollte – und da kam ich auf den Gedanken. Ich faßte den Entschluß, zu heiraten. Sonntagabend eröffnete ich die Verhandlungen, Montagabend war die Angelegenheit gut im Gange, und am Sonnabendmorgen werde ich heiraten – eine gewisse Bessie Maddern. Wenn wir die Sache am Sonnabend überstanden haben, werden wir uns auf die Räder schwingen und auf drei Tage ausfliegen. Dann kommen wir zurück, und es geht wieder an die Arbeit.*[76]

Jack London kannte Bessie Maddern nur kurze Zeit. Sie, eine Freundin von Mable Applegarth, hatte ihren Verlobten begraben müssen. Sie schmerzte der Verlust ihrer Liebe. Jack London sah die Hoffnungslosigkeit seiner Liebe zu Mable. Jack und Bessie fühlten sich wohl zusammen, sie konnten miteinander sprechen, sich aussprechen. Bessie Maddern hatte die höhere Mädchenschule in San Francisco besucht, an einem Lehrerinnenseminar teilgenommen und Unterricht in einer Elementarschule gegeben. Als Jack London sie kennenlernte, brachte sie in Privatstunden Schulkindern und Gymnasialschülerinnen Mathematik bei. Sie war etwas älter als Jack, stammte wie Mable Applegarth aus der oberen Mittelschicht, war aber praktischer veranlagt als die wohlbehütet erzogene, verzärtelte Freundin. Ihr gefielen Londons Erzählungen. Sie sah seine Manuskripte durch und verbesserte grammatische Fehler. Sie erteilte dem Freund Lektionen in Mathematik und Physik. Er weihte sie in die Literaturgeschichte ein. Der Umzug in ein neues Haus mit seiner Mutter und deren Adoptivsohn ließ London die Bitte aussprechen, daß Bessie Maddern ihn heiraten möge. Nach zwei Tagen Bedenkzeit sagte sie zu. Nur drei Monate hielt Londons Mutter das Zusammenleben mit dem Ehepaar aus. Sie siedelte sich einige Häuser neben dem Wohnplatz ihres Sohnes an.

Jack London ging wie Elizabeth Maddern eine Vernunftehe ein. Er, der unruhige und widersprüchliche Mann, wünschte sich Ruhe, Gebor-

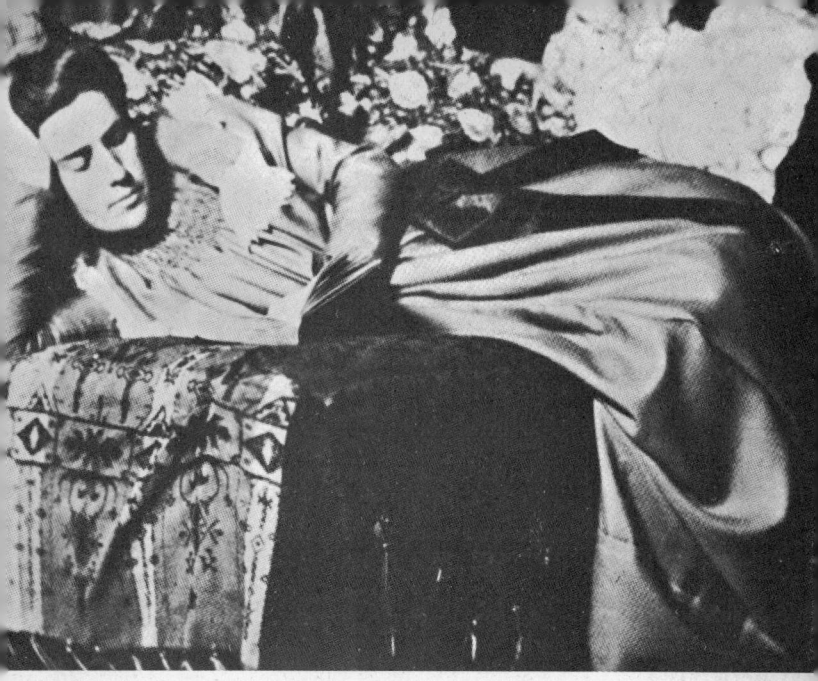

Bessie in ihrem Heim in Oakland

genheit, einen festen Platz, eine Familie. Bald erklärte ihm Bessie, daß sie ein Kind erwarte. Er fühlte sich als zukünftiger Vater doppelt zur Arbeit angetrieben und schrieb intensiv an einem Roman: *A Daughter of the Snows (An der weißen Grenze)*. Er publizierte auch Verse, humorvolle Skizzen, Kritiken und arbeitete weiterhin an Erzählungen über seine Alaska-Erlebnisse. Er fand Zeit, an einem Wettbewerb der Zeitschrift «Cosmopolitan Magazine» teilzunehmen. Mit seinem Essay *What Communities Lose by the Competitive System (Was die Allgemeinheit durch den Konkurrenzkampf verliert)* gewann er den ersten Preis von 200 Dollar. Er beschrieb die Nachteile des Konkurrenzsystems. Es produziere Überfluß und verlange mehr Arbeit als notwendig. Deshalb sei ein geplantes Wirtschaftssystem erforderlich. Der Aufsatz, über die Landesgrenzen der Vereinigten Staaten hinaus gerühmt, wurde von den Sozialisten in England nachgedruckt.

Jack London, auf dem Weg zur öffentlichen Anerkennung, 24 Jahre alt, bemüht, ein bürgerliches Leben zu führen, beschrieb sich als Mann von *fünf Fuß und sieben oder acht Zoll in Strümpfen. Das Leben hat mich verkürzt. Wiege zur Zeit 168 Pfund, kann es aber leicht auf 180 bringen, wenn ich ein Freiluftleben führe. Bin glattrasiert. Wenn ich den Bart wachsen lasse: blonder Schnurrbart und dunkler Backenbart, aber lang wird er nicht. Glattrasiert, ist mein Alter unbestimmbar, und kompetente Beurteiler schätzen verschieden zwischen zwanzig und dreißig. Graugrüne Augen, dichte Augenbrauen, die sich in der Mitte begegnen. Haar braun, bei meiner Geburt übrigens schwarz gewesen ... Gesicht durch viele, langdauernde Kameradschaft mit der Sonne bronzefarben, zur Zeit aber als Folge der sitzenden Lebensweise ausgesprochen gelb. Mehrere Narben − Lücke von acht Zähnen im Oberkiefer, gewöhnlich durch ein Gebiß verborgen.*[77]

Am 15. Januar 1901 wurde Joan London geboren. Es kostete London Mühe und Zeit, zu begreifen, daß er keinen Sohn gezeugt hatte. In seiner idealen Männerwelt mußten Männer auch Männer zeugen. Zu seinem Unglück kam noch hinzu, daß er erneut in Geldschwierigkeiten geriet. Der Verleger war nicht bereit, das Buch *A Daughter of the Snows (An der weißen Grenze)* zu akzeptieren. London hatte wieder einmal von seiner Idee der Überlegenheit weißhäutiger Menschen berichtet. In Romanform legte der Autor der Hauptfigur, Frona Welse, seine Theorien in den Mund. Frona Welse sollte einen neuen Typus der amerikanischen Frau darstellen, die Kameradin des Mannes. Der Roman mißlang dem Autor, denn die Hauptfigur ist lediglich Sprachrohr für soziologische und politische Fakten, sie zeigt die Schwächen des Schriftstellers Jack London an, «hier in seinem ersten großen Werk versteckt, zuletzt, nachdem er vierzig Bände veröffentlicht hatte, obenauf sichtbar: seine Vorstellung von der Überlegenheit der angelsächsischen Rasse und seine Unfähigkeit, irgendeine nicht der breiten Masse angehörende Frau aus den Druckzeilen als ein Wesen von Fleisch und Blut hervortreten zu lassen»[78].

Der Verleger McClure schlug London vor, erneut Sammelbände mit Kurzgeschichten zu veröffentlichen. Im Mai 1901 brachte er *The God of His Fathers (Siwash)* heraus; 1902 erschien der Band *Children of the Frost (In den Wäldern des Nordens)* in dem großen New Yorker Verlagshaus Macmillan. Schließlich gelang es McClure auch noch, einen Interessenten für den Roman *An der weißen Grenze* zu finden. Der Verleger J. B. Lippincott in Philadelphia kaufte das Buch für 750 Dollar. Den größten Teil des Kaufbetrags behielt McClure ein, da London bei ihm Schulden hatte. Schulden hatte London sein Leben lang. Auch als er in einem Jahr mehr als 75 000 Dollar verdiente, gab er rund 100 000 Dollar aus. Immer schrieb er, um Schulden abzutragen.

Trotz intensiver Arbeit am Schreibtisch fand London Zeit, sich an der Bürgermeisterwahl von Oakland zu beteiligen. Er, der 1896 Mitglied der Sozialistischen Arbeiterpartei geworden war und sich 1901 der neugegründeten Sozialistischen Partei in Oakland anschloß, ließ sich von der «Socialist Party» nominieren. Der fünfundzwanzigjährige Bürgermeisterkandidat sagte: *Wir, die Sozialisten, die wir als Sauer-*

Bessie mit Joan und der kleinen Bess

teig der Gesellschaft wirken, haben einzustehen für die wachsende Überzeugung von der Richtigkeit kommunalen Eigentums.[79]

Die gewerkschaftlich organisierten Arbeiter, aber auch die nicht organisierten Arbeiter gaben London keine Stimme. Er erhielt 245 Stimmen. Für ihn sprachen sich im wesentlichen die Sozialisten der intellektuellen Zirkel und Clubs aus. Hätten aber diese Wähler Londons eine Erzählung gelesen, die er im Mai 1901 in «Pearson's Magazine» publizierte, vielleicht hätten ihn dann auch noch nicht einmal seine wenigen Anhänger unterstützt. Es ist eine Erzählung voll von Mißverständnissen, voll von Jack Londons Hoffnungen, den Kapitalismus mit seinen eigenen Waffen zu schlagen: dem Kapital. Unter dem Titel *The Minions of Midas* (*Die Lieblinge des Midas*) berichtete London über die Aktivitäten einer terroristischen Organisation, die von Finanzgewaltigen Geld erpreßt. Ihre Methode ist der Mord an Unschuldigen. So verlangen sie von dem reichen Eben Hale zwanzig Millionen Dollar; andernfalls würden sie planmäßig Menschen morden. Sie schreiben Briefe: *Wir sind Angehörige jenes intellektuellen Proletariats, dessen Zunahme so charakteristisch ist für das letzte Jahr des 19. Jahrhunderts. Nach sorgfäl-*

tigen ökonomischen Studien haben wir uns entschlossen, dieses Ge-
schäftsverfahren zu benutzen. Es hat viele Vorteile, in erster Linie den,
daß wir in große und gewinnbringende Geschäfte einsteigen können,
ohne eigenes Betriebskapital nötig zu haben. Wir sind bis jetzt ziemlich
erfolgreich gewesen . . .[80]

Hale widersetzt sich den Aufforderungen der *Lieblinge des Midas*.
Woche für Woche erhält er nun Nachrichten über Mordtaten, genaue
Vorankündigungen, Erklärungen, Analysen. Die Organisation will ihm
die Morde zur Last legen. Hale schaltet die Polizei und Detektive ein,
aber ohne Erfolg. Er begeht schließlich Selbstmord. Die Organisation
zeigt ihre Überlegenheit, sie macht deutlich, daß sie an den Gewinnen
der Kapitalisten teilhaben möchte. Von Gesellschaftsveränderung ist
nicht die Rede. Die *Lieblinge des Midas* beweisen auch nicht, daß sie
das von den Reichen erpreßte Geld für öffentliche Wohlfahrt verwen-
den. Sie wollen sich allein als *neue Macht* in der Gesellschaft etablieren.
Wir sind das Ergebnis einer falschen gesellschaftlichen Auslese. Wir
setzen Gewalt gegen Gewalt. Nur der Starke wird überleben. Wir glau-
ben an das Überleben der Stärksten, schreiben die Terroristen an den
Geldbaron Eben Hale: *Sie haben Ihre Lohnsklaven in den Dreck getre-*
ten, und Sie selbst haben überlebt. Auf Ihren Befehl hat das Militär bei
Hunderten von Streiks Ihre Arbeiter wie Hunde niedergeschossen. Durch
solche Methoden haben Sie sich gehalten. Wir wollen nicht über das
Ergebnis klagen, denn wir erkennen selbst dasselbe Naturgesetz an und
leben auch danach. Und nun taucht die folgende Frage auf: Wer von uns
wird unter den gegebenen gesellschaftlichen Verhältnissen überleben?
Wir glauben, daß wir die Stärksten sind. Sie glauben, daß Sie der Stärk-
ste sind. Wir überlassen die Entscheidung der Zeit und dem Gesetz.[81]

Londons Biograph Irving Stone bezeichnet die Erzählung *Lieblinge*
des Midas als eine «sozialistische Arbeitergeschichte»[82]. Diese Interpretation ist ein Mißverständnis. Es handelt sich um Sozialdarwinismus.
Die Geschichte demonstriert, wie eine Gruppe von Intellektuellen glaubt,
den Kapitalisten ebenbürtig zu sein und eine gerechtere Verteilung des
Besitzes erzwingen zu können. Diese Gerechtigkeit bestand aber nur darin, daß die Gruppe *ihren Anteil* erhielt, ihn sich von den Trusts und Ge-
schäftsverbänden eroberte, einen Anteil, *der uns auf Grund unserer In-*
telligenz gebührt, wie die Organisation schreibt. *Warum? Weil wir kein*
Kapital haben. Wir gehören zum Proletariat, aber mit dieser Ausnahme:
Unsere Gehirne gehören zu den besten, und wir haben keine dummen
ethischen oder gesellschaftlichen Skrupel. Als Lohnsklaven, die sich von
früh bis spät abrackern und ein armseliges Leben führen, können wir
nicht in hundert – und selbst nicht in tausend Jahren eine Geldsumme
sparen, die groß genug ist, um den riesigen Massen zusammengetragenen
Kapitals gewachsen zu sein, die heute existieren. Trotzdem haben wir
die Arena betreten. Wir fordern hiermit das Weltkapital heraus.[83] Es

blieb für London kennzeichnend, daß er sich soziale Veränderungen als eine Revolution «von oben», geführt von Intellektuellen, vorstellte. Insofern ist die Erzählung *Die Lieblinge des Midas* ein Vorläufer seiner sozialen Ideen der späteren Jahre. Allerdings, über *dumme ethische oder gesellschaftliche Skrupel* setzte er sich dann nicht mehr hinweg. 1902 beschäftigte er sich mit der Lage der gesellschaftlich Deklassierten in England. Der ethische Ansatz seiner Beobachtung lautete: *Was längerer Lebensdauer, körperlicher und geistiger Gesundheit diente, war gut; was geringerer Lebensdauer diente, was schadete, was die Menschen verkrüppelte und das Leben entstellte, war schlecht.*[84]

Jack London, am 21. Juli 1902 von der American Press Association aufgefordert, über die Folgen des Burenkrieges in Südafrika zu berichten, machte in England Station. Dort erhielt er ein Telegramm, das ihn zur Rückkehr aufforderte. Der Auftrag hatte sich erledigt, war gestrichen worden. Jack London nahm die Gelegenheit wahr, um sich über die Lage der Unterprivilegierten in England zu informieren. Er *stieg in die Unterwelt von London hinab*[85]. Im East End mietete er sich ein Zimmer und gab sich als amerikanischer Seemann aus, kaufte sich abgetragene Kleidung und verwandelte sich in einen Slumbewohner. London verstand sich als *Forscher*. Tatsächlich begründete er eine Form der Sozialreportage, die nach Jahrzehnten von Egon Erwin Kisch und in der Gegenwart von Günter Wallraff fortgesetzt wurde. Die Zitate des Berichtenden stammen aus erster Hand. Die Ergebnisse seiner Recherche sind dem Leben entnommen, einem Leben, das der Journalist unerkannt mitlebt und das er durch seinen Bericht, sozial engagiert, zu verändern hofft.

London vermied es, seine Reportage *People of the Abyss (Menschen des Abgrunds)* ins Abenteuerliche seiner Kurzgeschichten zu verwandeln. Er informierte aus der Sicht des Betroffenen und Beteiligten. *Kein anderes meiner Bücher*, sagte London, *hat mehr Herz und Tränen gekostet als diese Studie über die wirtschaftliche Erniedrigung der Armen.*[86]

Das Buch führt statistische Fakten auf und hat die Qualität einer soziologischen Untersuchung in Erzählform. Die Einwohner des East End kommen in der Dokumentation ausführlich zu Wort: *Weiber sind 'ne Sache, wo mir meine Erziehung gelernt hat, die Finger von weg zu lassen. Das zahlt sich nicht aus, Kumpel, das zahlt sich nicht aus. Zu was braucht 'n Mann als wie ich Weiber?* [87] fragt ein zweiundzwanzigjähriger Seemann, der in dem niedrigen Lohn seines Vaters und anderer Männer Bestätigung dafür findet, daß Frau, Kinder und Familiensorgen Ursachen männlichen Elends seien. *Ein unbewußter Hedonist,* sagte London, *im höchsten Grade unmoralisch und materialistisch, erstrebte er das größtmögliche Glück für sich selbst und fand es im Trinken.*[88] Und doch

Um 1902

gab London zu, daß dieser Mann recht hatte, nicht zu heiraten, keine Kinder zu zeugen und einer der wenigen blieb, die sich im East End für kurze Zeit Glück verschafften. *Und Tag für Tag wurde ich überzeugt, daß es für die Menschen des Abgrunds nicht nur unklug, sondern verbrecherisch ist, zu heiraten. Sie sind Steine, die der Baumeister verwarf. Im gesellschaftlichen Gefüge ist kein Platz für sie, während alle Kräfte der Gesellschaft sie abwärts treiben, bis sie zugrunde gehen ... Kurzum, der Londoner Abgrund ist ein ungeheures Schlachthaus.*[89]

Wie kommt es dazu, daß Menschen in diesem *Schlachthaus* leben? Jack London nannte Alter, Krankheit, Unglück als Gründe, aber auch Arbeitslosigkeit. *Einst sperrten die Völker Europas die unerwünschten Juden in städtische Ghettos ein. Und heutzutage hat die wirtschaftlich herrschende Klasse durch weniger willkürliche, aber nicht weniger strenge Methoden die unerwünschten, doch notwendigen Arbeiter in Ghettos von außergewöhnlicher Armseligkeit gesperrt. Der Osten Londons ist ein solches Ghetto, in dem die Reichen und Mächtigen nicht wohnen, wohin der Reisende nicht kommt und wo zwei Millionen Arbeiter sich drängen, wo sie zeugen und sterben.*[90]

Jack London bewies, daß die Häuser der Armen größere Gewinne einbrachten als die Wohnsitze der Reichen. Der arme Arbeiter hauste in übervölkerten Vierteln, in engen Zimmern, er wohnte mit vielen Menschen auf kleinstem Raum und bezahlte im Vergleich mehr als ein reicher Mann für seinen großflächigen Komfort. Für die Wohlhabenden Londons entwickelte sich das East End zu einer guten Einnahmequelle. Die Bewohner des *Abgrunds* wurden folglich von Mietspekulanten ebenso abhängig wie von ihren Arbeitgebern. Freiheit, Unabhängigkeit, Glück waren Fremdworte für sie. Die Slumwelt brachte einen neuen Menschenschlag hervor, den Jack London als laut, hochgespannt, reizbar im jugendlichen Alter, als grübelnd, trunksüchtig, verdummt und unempfindlich beschrieb. Die Umwelt machte Jack London im wesentlichen für abgestumpftes Verhalten und Verbrechen der Slumbewohner verantwortlich, eine Umwelt, in der fünfhundert erbliche Peers ein Fünftel ganz Englands besaßen und in der König, Beamte sowie Regierung jährlich 370 Millionen Pfund verbrauchten: ... *das bedeutet zweiunddreißig Prozent des gesamten, von allen Arbeitern des Landes erzeugten Reichtums.*[91]

Die ungeteilte Sympathie des Autors gehörte den ausgebeuteten Bewohnern des *Abgrunds*. London enthüllte die Unmenschlichkeit und Brutalität, der sie ausgesetzt waren und schilderte sie als Opfer wirtschaftlicher Verhältnisse. Seine Kritik an Englands Machthabern entschärfte er jedoch durch ein Schlußkapitel, das sein New Yorker Verleger von ihm forderte; andernfalls hätte das Verlagshaus Macmillan das Buch nicht publiziert. In diesem Schlußkapitel klagte Jack London im wesentlichen die schlechte Verwaltung des Landes und die Zivilisation im allgemeinen an. Nach seiner Meinung sollte eine Geschäftsführung eingesetzt werden, die jedem Bürger Anteil am Gewinn gibt. Über Englands koloniales Wirtschaftssystem sagte er:

Entweder ist das Empire ein Gewinn für England, oder es ist ein Verlust. Wenn es ein Verlust ist, dann muß es abgeschafft werden. Ist es ein Gewinn, dann muß es so verwaltet werden, daß der durchschnittliche Mensch zu einem Anteil an dem Gewinn kommt.

Ist der Kampf um die Oberherrschaft im Handel profitabel, dann setzt ihn fort. Ist er es nicht, schadet er dem Arbeiter und macht sein Los schlimmer als das Los eines Wilden; dann werft Auslandsmärkte und industrielle Herrschaft über Bord ... Wenn die 400 000 englischen Gentlemen «ohne Beschäftigung», nach ihrer eigenen Angabe bei der Volkszählung von 1881 nicht profitabel sind, dann weg mit ihnen. Schickt sie an die Arbeit, Wildparks zu pflügen und Kartoffeln zu pflanzen. Sind sie profitabel, dann behaltet sie auf alle Fälle bei, aber laßt dafür sorgen, daß der durchschnittliche Engländer einigermaßen teilhat an den Gewinnen, die sie schaffen.[92]

London schonte die Klasse der Besitzenden, obwohl das nicht in der ursprünglichen Absicht des Buches lag. Wenn sie Profite einbrachten und ihre Gewinne einigermaßen gerecht verteilten, dann konnte das System erhalten bleiben, so lautete die Schlußfolgerung des Autors. Er trat für einen sozialen Kapitalismus ein und forderte Reformmaßnahmen. Das reichte aber bereits, daß man in der amerikanischen Presse von «Geschmacksverirrung» sprach, von «Snobismus», als das Buch im Jahre 1903 erschien. In England wurde das Werk einige Monate später freundlicher aufgenommen, da die Kritiker eingestanden, daß der Autor näher an die Einwohner des East End herangekommen sei als je ein Berichterstatter zuvor.

Das Dokument *Menschen des Abgrunds*, ein Zeitbild der Hauptstadt des damals reichsten Landes der Erde, ist ein Tatsachenbericht, der heute noch Interesse finden kann. Es lassen sich Parallelen zu den Slums in den Vereinigten Staaten, des jetzt wohlhabendsten Landes der Erde, ziehen. Jack Londons Forderung, daß die Zivilisation gezwungen werden muß, *das Los des durchschnittlichen Menschen zu bessern*[93], hat für die Ghettos in den USA und auch in anderen Ländern unmittelbare Gültigkeit behalten. Das Buch *Menschen des Abgrunds* demonstriert, daß soziologische Fakten spannend zu erzählen sind, emotional bewegend, und daß die Reportage eine künstlerische Form der Literatur sein kann. London zeigte mit diesem Werk, daß für ihn neben dem *natürlichen* Kreislauf von Leben und Tod, dargestellt in seinen alaskischen Kurzgeschichten, die *Schlachthäuser* der Menschen existierten. Suchten seine Hauptfiguren der Alaska-Erzählungen einen Weg zurück zur Natur, auch wenn sie dabei umkamen, so sind seine Menschen des Londoner East End an einem neuralgischen Punkt der Weltgeschichte angesiedelt. Das Davonkommen, die Selbsterhaltung und das Überleben hängen nicht mehr von der «Stärke» des einzelnen ab. Er ist einem Wirtschaftssystem ausgeliefert, einem von Menschen gegen einen Großteil der Menschheit gerichteten System. In dieser Sicht berührt sich Londons Werk mit Engels' Untersuchung «Die Lage der arbeitenden Klasse in England», das 1845 erschien. Doch anders als Engels, der in England eine Revolution erwartete und sich in seiner Arbeit hauptsächlich auf Sekundärquellen berief, zog London, gedrängt von seinem amerikanischen Verleger, Reformmaßnahmen vor und untermauerte diese Forderung mit eigenen Beobachtungen. Sechs Wochen lang hatte er sich in Kneipen, Absteigen, in Parks, bei der Heilsarmee, im Obdachlosenasyl und auf der Straße umgesehen, hatte aber auch Regierungsberichte, soziologische Schriften und Statistiken vorgenommen, ehe er sich an die Niederschrift machte. In etwas über einer Woche beendete er seine Reportage. In *Erregung* arbeitete Jack London am liebsten, ohne daß er viel korrigierte, neu konzipierte oder gar Passagen strich. Diese Arbeitsweise verführte ihn bald aber dazu – da er sich mehr und mehr als ein *Lohnschreiber* verstand –, wenig Durchdachtes und Oberflächliches zu publizieren. Aber die *Erregung* nützte seiner Arbeit an *Menschen des Abgrunds* und auch dem Roman *The Call of the Wild (Wenn die Natur ruft)*, dem er sich nach seiner Rückkehr in die Vereinigten Staaten zuwandte. Es schien, als ob er sich nach der deprimierenden Erfahrung in der Großstadt wieder von der Wirklichkeit des beginnenden 20. Jahrhunderts abwenden wollte, abwenden in eine Trauer um das verlorene Paradies: die Natur. Doch Natur ist für London nicht so sehr ein paradiesischer Ort, wie bereits erklärt wurde, sondern ein Schauplatz, an dem die Hauptfiguren in einer abgeschlossenen Umgebung Modellcharakter erlangen. Modellcharakter für den «Kampf ums Dasein». Hier läßt sich dann unproblematisch wieder die vorzivilisatorische Überlegenheit des «starken» Einzelnen beweisen. Alle Konflikte des Industriezeitalters sind in der Isolierung des Nordens vergessen. Das *Schlachthaus* der Großstädte wird umgewandelt in den Ablauf von Geburt und Tod, eingeengt auf Selbsterhaltungstriebe in der endlosen Weite der Schneewüste. London wählte sich für den Roman *Wenn die Natur ruft* einen Hund zur Hauptfigur, den Hund Buck, halb Bernhardiner, halb Schäferhund, der von Kalifornien nach Alaska verkauft wird. *Mitten aus dem Herzen der Zivilisation hatte man ihn herausgerissen und hineingeschleudert in die Wildnis. Es war vorbei mit seinem Leben in Sonnenschein und Üppigkeit; hier gab es nicht Ruhe noch Rast, ja nicht einmal einen Augenblick persönlicher Sicherheit. Jetzt galt es auf der Hut zu sein bei Tag und Nacht . . .*[94]

London vereinfachte die Verhältnisse: in der Zivilisation herrscht Glück, Zufriedenheit, gegenseitige Achtung, moralisches Bewußtsein – in der Natur das Gesetz der Stärke, der Überlebenswille. *Er bewies, daß er sich den Verhältnissen anzupassen verstand, aber auch zugleich den Niedergang seines moralischen Empfindens, einer Sache, die ihm jetzt auch entbehrlich, ja sogar hinderlich war. Moral taugte wohl im Süden; wo Sitte und Anstand herrschten, da war es angebracht, das Eigentum und die Gefühle anderer zu achten ...*[95] Die Hunde heulen in der Nacht und singen das *Lied von dem Leid der Welt,* in Furcht vor dem *Unbekannten, Geheimnisvollen;* aus ihnen ertönt der Geist ihrer *Vorfahren.*[96]

Der Hund Buck, verschlagen aus dem bequemen Dasein eines Haushundes, paßt sich dem Leben in Alaska schnell an, begreift die Gesetze der Wildnis und führt bald eine Gruppe von Schlittenhunden an. Buck, der von London mit menschlichen Gefühlen und Gedanken ausgestattet wird, rettet seinem letzten Herrn in Alaska zweimal das Leben. Am Ende fühlt sich Buck aber von der Wildnis verlockt und verläßt den Umkreis der Menschen. Er schließt sich Wölfen an, seinen Vorfahren. *Da setzte sich der Wolf, richtete die Nase empor zum Mond und stieß ein jämmerliches Geheul aus. Buck horchte auf. Das war der Ruf, jetzt erkannte er ihn genau, und eine unbestimmte Macht zwang ihn, hervorzukommen, sich neben den Alten zu setzen und einzustimmen. Dann kam einer nach dem anderen heran, beschnupperte ihn und schloß sich dem Geheul an. Plötzlich sprang der Wolf auf und lief dem Walde zu, die anderen Wölfe folgten. An der Seite des wilden Bruders stürmte Buck laut bellend davon.*[97]

Buck bricht mit der Zivilisation und kehrt zu dem ursprünglichen Wolfsdasein zurück. Zwei Standpunkte stellte London innerhalb weniger Monate nebeneinander: den biologischen in dem Roman *Wenn die Natur ruft* und den sozial-historischen in der Reportage *Menschen des Abgrunds.* Jeder beanspruchte in Londons Werk eine Vorherrschaft, meistens ohne eine Koordinierung zu dulden. Für die Rezeption Londons in Europa und den USA war stets das Interesse an seinen Naturgeschichten, an dem «frontier»-Erlebnis bestimmend. Aufschlußreich ist es, daß der «London der Gesellschaft», der unmittelbare Erfahrungen des 20. Jahrhunderts verarbeitete, weniger beachtet wurde und wird. Aber vielleicht ist das Phänomen nicht so sehr erstaunlich. Amerikanische Literatur hat eher die moralische Opposition des einzelnen, sein Überleben dargestellt, und sich nicht als «kollektiver Schmied seines historischen Schicksals»[98] verstanden. London hat sich dieser Tradition der amerikanischen Literatur in dem größten Teil seiner Werke angeschlossen, ob freiwillig oder nicht – London erzählt mit seinen Widersprüchen neben dem tatsächlich gelebten Leben immer auch sein verfehltes Leben. Er hatte sich gesagt, daß er dem Elend und der Unsicherheit des Arbeiterdaseins entgehen könne. Diese Verheißung, das Leben als Schriftsteller, wurde zugleich zur Versuchung, die ihn in wachsende Selbstentfremdung führte. Die Versuchung war der Erfolg. Im Jahre

Mark Twain

1909 wurden von *Wenn die Natur ruft* 750 000 Exemplare abgesetzt. Das Buch machte den Autor weltberühmt. Gleich am ersten Publikationstag im Jahre 1903 verkaufte der Verleger 10 000 Exemplare. Bis heute ist das Buch in den verschiedensten Sprachen mit über sechs Millionen Exemplaren Londons am weitesten verbreiteter Roman. Die erzählende Literatur der USA, stark geprägt von Büchern, die sich zu «best-sellern» vermarkten lassen, hatte einen neuen zugkräftigen Autor gefunden. Beispiele für Verkaufserfolge amerikanischer Literatur vor Londons Werk sind etwa Mark Twains «Tom Sawyer» (1879 wurden 375 000 Exemplare verkauft), Joel Chandler Harris' «Uncle Remus»-

Geschichten (rund 500 000 verkaufte Exemplare im Jahre 1889), Sir Arthur Conan Doyles «Adventures of Sherlock Holmes» (1899 verkaufte der Verlag 625 000 Exemplare). Ausgangspunkt der «best-seller»-Wellen der amerikanischen Literatur bildete Harriet Beecher Stowes Roman «Uncle Tom's Cabin», von dem im Erscheinungsjahr 1852 300 000 Exemplare abgesetzt werden konnten.[99] An den Verkauf des Buches hefteten sich schnell «Uncle Tom Shows», Kartenspiele mit den wichtigsten Figuren der Romane, «Anti-Uncle Tom»-Bücher, Diskussionen und öffentliches Interesse am Leben der Autorin, eine Erfahrung, die auch Jack London sehr schnell machte. Er wurde zu einer öffentlichen Figur in den USA. Seine Bücher plante die beginnende Filmindustrie schnell in ihr Repertoire ein. 1913 erschien der Film *The Sea-Wolf (Der Seewolf)*. Im Jahre 1914 verfilmte man fünf Romane des Erfolgsautors. Von 1913 bis 1958 gab es allein in den USA 42 Verfilmungen von Jack London-Büchern. 1913 bezeichnete sich London als den höchstbezahlten, populärsten Schriftsteller der Welt.

Den Erfolg des Romans *Wenn die Natur ruft* versuchte London mehrfach zu wiederholen, etwa in dem Tierroman *White Fang (Wolfsblut)*, der 1906 erschien. Während in dem ersten Erfolgsbuch der zahme Haushund Buck sich zum reißenden Wolf entwickelte, beschrieb London in dem Roman *Wolfsblut* einen entgegengesetzten Ablauf. Das Tier, drei Viertel Wolf, ein Viertel domestizierter Hund, gerät unter Menschen. Es verläßt die Wildnis. Im Gegensatz zu Buck akzeptiert Wolfsblut die menschliche Gemeinschaft. Er lebt zwar ebenso wie Buck nach dem Gesetz des Stärkeren, nach dem *Naturgesetz,* wie London es von Spencer, Darwin, auch Haeckel und Kidd übernahm, aber er unterwirft sich schließlich der Zivilisation. *Was im Labyrinth der Zivilisation hauptsächlich verlangt wurde, war Selbstbeherrschung – eine Gewalt über sich selber, so zart wie Flügel eines Schmetterlings und so fest und stark wie Stahl. Das Leben hatte hier ein tausendfaches Antlitz, und Wolfsblut sah ein, er müsse all den verschiedenen Gesichtern begegnen, wenn er zum Beispiel nach San José in die Stadt kam, wo er hinter dem Wagen herlief oder sich in den Straßen herumtrieb, wenn dieser hielt. Das Leben floß dort wie ein breiter, tiefer Strom in mannigfachen Windungen an ihm vorüber, beschäftigte fortwährend seine Sinne, forderte augenblickliche und unendlich schnelle Entschlüsse und zwang ihn fast immer, den natürlichen Trieben zuwiderzuhandeln.*[100]

Wolfsblut, der dem Gesetz gehorcht, dem «Starken» zu folgen, den «Schwachen» aber zu unterdrücken, paßt sich dem «starken» Menschen an. Er fügt sich in die Zivilisation ein und schützt seinen Herrn vor dem Angriff eines entlaufenen Sträflings. Seine Wolfseigenschaften setzt er für die von ihm akzeptierte Zivilisation ein. Aber welche Zivilisation ist dies? Sie wird nicht näher beschrieben. Sie besteht aus Herren und Dienstpersonal, angesiedelt im ländlichen Kalifornien. Das rück-

Aus dem Film «Der Seewolf»

sichtslos ausgeübte Recht des Stärkeren, das Jack London in der Industriegesellschaft verurteilte und im Naturleben als gegeben hinnahm, es wird in der Welt kalifornischer Landwirtschaft harmonisiert, umgewandelt in einem romantischen Naturalismus. Der Roman *Wolfsblut* verführte den Präsidenten Roosevelt zu einer Polemik gegen Jack London. Er gestand, daß er Londons politische Haltung ebenso wie seine literarischen Arbeiten für verachtenswert hielt. Theodore Roosevelt, von 1901 bis 1909 Präsident der USA, sah in London einen Mann, der weder etwas von Hunden und Wölfen verstand, noch realistisch erzählte. Ein Streit setzte ein, ob eine Bulldogge einen Wolf besiegen könne. London berief sich auf seine eigene Anschauung, auf Wissenschaft und auf Bücher, die ihm als Vorlage gedient hatten. Bezeichnend ist, daß hier realistische Literatur von beiden Seiten wörtlich genommen wurde, als direktes Abbild, als wissenschaftlich nachweisbare Erzählung.

In seinen letzten Lebensjahren schrieb London zwei weitere Tierromane, in denen Hunde Hauptfiguren waren: *Jerry of the Islands (Jerry, der Insulaner)* und *Michael, Brother of Jerry (Michael, der Bruder Jerrys)*. Beide Bücher, 1918 nach dem Tod des Autors publiziert, riefen Jack London-Clubs hervor, die sich für die Achtung der Tiere einsetzten. 1924 hatten sich bereits 400 000 Mitglieder eingetragen. Sie forderten zum Beispiel dazu auf, ein Theater zu verlassen, wenn in Varieté-Vorstellungen Hundedressuren vorgeführt wurden. Londons Tierbücher haben mehr Menschen zum Handeln und zu Protestaktionen aufgefordert, so stellt der Biograph O'Connor fest, als seine Bücher, in denen Menschen Hauptfiguren sind. Doch derartigen Aussagen ist Skepsis und Distanz gegenüber dem Politiker London zu entnehmen, der sich im selben Jahr, in dem er den Roman *Wenn die Natur ruft* und die Reportage *Menschen des Abgrunds* publizierte, auch deutlicher in der sozialistischen Bewegung zu Wort meldete. Sein schriftstellerischer Ruhm gab ihm die Gelegenheit, sich in aller Öffentlichkeit zu engagieren. Er unterschrieb Briefe an seine Parteigenossen jetzt mit *Yours for the Revolution*, so wie er vorher Briefe mit *Wolf* unterzeichnete. Er sprach sich in Artikeln wie *The Class Struggle (Der Klassenkampf)*, am 5. November 1903 veröffentlicht, gegen den amerikanischen Mythos aus, daß

Mit seinen beiden Töchtern

1903

es keinen Klassenkampf in den USA gäbe. Die Arbeiter hätten von den traditionellen Parteien nichts zu erwarten, sagte er, sie müßten sich mit einer eigenen Partei durchsetzen. Er forderte die Gewerkschaften zum politischen Handeln auf. Und als der Präsident der Universität von Harvard, Charles Elliot, den Streikbrecher als den wahren Helden Amerikas pries, bewies London in seinem Essay *The Scab (Der Streikbrecher)*, im Januar 1904 publiziert, daß Streikbrecher nur Handlanger derjenigen seien, die die Arbeiterorganisationen zerstören wollten.

2000 Dollar erhielt London für den Vorabdruck des Romans *Wenn die Natur ruft* von einer Zeitung. Noch einmal 2000 Dollar bot ihm der Verleger Macmillan für die Buchpublikation an. London akzeptierte aus Geldnot das Angebot, das ihm alle weiteren Rechte nahm. In den folgenden Jahren bedauerte er seine schnelle Einwilligung, weil sich das Buch zum Erfolg entwickelte. Aber London war, wie immer in seinem Leben, von Schulden und Gläubigern bedrängt. Seine wachsenden Verpflichtungen hatten mit seinem Einkommen nicht Schritt gehalten. Er hatte in Piedmont, in den Bergen, ein Haus gemietet, ein Haus, in dem er Freunde und Gäste empfind und bewirtete. Für seine Mutter und deren Adoptivsohn wurde ein Landhaus in der Nähe gefunden. Der Haushalt vergrößerte sich schnell. Fast einhundert Leute besuchten wöchentlich die Familie London. Der Ruhm lockte Journalisten, Schauspieler, Freunde, Mitglieder der Sozialistischen Partei und Frauen, deren Bewunderung London genoß, in die Berge von Piedmont, an der Bai von San Francisco gelegen, mit Blick auf den Pazifik und die Golden Gate Bridge. Zwei Hausmädchen wurden angestellt, und Mammy Jenny lebte als Kindermädchen in der Familie. Zudem hatte Londons Frau Bessie ein zweites Kind geboren, wieder eine Tochter, eine Enttäuschung für den Mann, der sich so sehr einen Sohn wünschte.

Von Geld ist die Rede, von wem noch?

«Die Buchhändler . . .

. . . bewilligen mir endlich außer der Rente von fünfzehnhundert Livres, die sie mir bis zur Beendigung der Arbeit zahlen, noch dreihundertfünfzig Livres für den Band Kupferstiche, außerdem dreihundertfünfzig Livres für den Band Abhandlungen (und man kann auf acht Bände rechnen), die fünfhundert Livres pro Band, die sie d'A. gaben; das macht ungefähr fünfzehntausend Francs im Zwischenraum von fünf Jahren ohne meinen kleinen Sparpfennig in der Provinz», das schrieb der Mann an seine Freundin Sophie V., nachdem er schon über zehn Jahre an jener Arbeit saß, die sein Lebenswerk werden sollte. Immerhin war er nun zu einer Art von literarischem Jahreslöhner aufgestiegen. Jahrelang war er nichts anderes gewesen als ein Tagelöhner der Buchhändler. Aber wenn auch die Tausende sich recht eindrucksvoll ausnehmen, Voltaire rückte den Jahresverdienst des Schreibers ins rechte Maß, als er ausrief: «Man bedenke, daß ein Armeelieferant das Siebenfache an einem einzigen Tage verdient!»

Der Mann, von dem hier die Rede ist, war Sohn eines Messerschmieds und hatte es in den ersten vierzig Jahren seines Lebens nicht gerade leicht: Unglücklich verheiratet, wenig Einkünfte durch seine Arbeit, obwohl er buchstäblich Tag und Nacht schuftete, denn: Alles, was er schrieb, und das war immerhin für viele Menschen seiner Zeit das Maßgebende, alles, was er schrieb, mußte er sich zuvor aneignen: Er war Autodidakt, und vermutlich einer der bedeutendsten, die es je in der Geschichte gegeben hat.

Als er seine Tochter für die Hochzeit ausstatten wollte, sah er sich gezwungen, seine Bibliothek, sein Handwerkzeug!, zu verkaufen. Im fernen Rußland erfuhr Zarin Katharina davon, ließ die Bücher für 5000 Taler kaufen und bat dann den einstigen Besitzer, er möge ihr doch als Bibliothekar dienen, für ein angemessenes Gehalt – eine königliche Geste. Aber erst als Sechzigjähriger konnte der Mann seine Gönnerin in Petersburg besuchen.

In seinem 70. Lebensjahr starb er, ein Jahr nach d'Alembert, seinem langjährigen Mitarbeiter. Von wem war die Rede?

(Alphabetische Lösung: 4-9-4-5-18-15-20)

Pfandbrief und Kommunalobligation

Meistgekaufte deutsche Wertpapiere - hoher Zinsertrag - schon ab 100 DM bei allen Banken und Sparkassen

Verbriefte Sicherheit

In dem produktiven und erfolgreichen Jahr 1903 veröffentlichte Jack London gemeinsam mit der Freundin Anna Strunsky einen fiktiven Briefwechsel: *The Kempton-Wace Letters*. Die beiden Briefschreiber nahmen Diskussionen auf, die sie über die Liebe geführt hatten. London vertrat einen biologisch-realistischen Standpunkt. Anna Strunsky verteidigte die romantische Liebe. *Biologisch gesehen,* schrieb London, *ist die Ehe eine zur Erhaltung der Art notwendige Einrichtung. Romantische Liebe ist ein Kunstgriff, den der Mensch unwissentlich in die natürliche Ordnung gebracht hat.*[101] Romantische Liebe und die Einfühlung in eine andere Person seien Täuschungen, mit denen der Mensch sich über seine biologische Existenz hinweglüge, behauptete London, der sich in den Briefen hinter dem Namen Herbert Wace versteckte. Ein Mann würde eine Frau heiraten, weil sie nach seiner Meinung gesunde Kinder zur Welt bringen könnte. Anna Strunsky, deren Pseudonym in dem Briefwechsel Dane Kempton lautete, widersprach. Und bald widersprach Jack London sich selbst. Im Sommer 1903 verliebte er sich in Charmian Kittredge. Abrupt und ohne lange Erklärungen verließ er Frau und Kinder. Jetzt begann er Liebesbriefe und Liebesschwüre zu schreiben in der romantischen Tonart, die er Anna Strunsky gegenüber als Täuschung und Lüge bezeichnet hatte.

Charmian Kittredge gehörte zu den Gästen, die die Familie London häufig in Piedmont besuchten. Sie war eine unabhängige Frau. Sie konnte boxen, reiten und fechten. Bessie London zeigte ihr gegenüber keine Eifersucht, denn Charmian Kittredge war keine schöne Frau und obendrein fünf Jahre älter als Jack London. Eifersüchtig reagierte Bessie London eher auf Anna Strunsky und die vielen jungen Frauen, die Piedmont regelmäßig besuchten. In Charmian Kittredge konnte sie keine Konkurrentin sehen. London hatte in den *Kempton-Wace Letters* neben der *Mutter* auch die *unmoralische, lebensvolle Gefährtin Frau,* die *mate woman,* bewundert. Bessie London identifizierte mit dieser *mate woman* allein Anna Strunsky. Als Jack London ihr erzählte, daß er seine *mate woman* gefunden habe und sich von der Familie trennen wolle, dachte sie sofort daran, daß er zu der Mitautorin der *Kampton-Wace Letters* ginge. Erst Monate später erfuhr sie, daß Charmian Kittredge, der sie ihre Ehesorgen anvertraut hatte, die Geliebte Jack Londons war. Charmian Kittredge vertrat die Meinung, sie habe Jack London aus einer unglücklichen Ehe gerettet.

Um den Komplikationen der Trennung und den Nachfragen von Zeitungsreportern zu entgehen, zeigte sich London nicht mit Charmian Kittredge. Er floh mit einem Freund, Cloudesley Jones, auf sein Segelboot «Spray». Die Freunde segelten bis zur Mündung des Flusses Sacramento, schwammen, fischten, jagten und arbeiteten. Den Kontakt mit Char-

Brief Jack Londons an Anna Strunsky

mian Kittredge hielt er durch Briefe aufrecht. Diesen Briefwechsel nutzte er für seinen Roman *The Sea-Wolf (Der Seewolf)*, an dem er während des Ausflugs auf der «Spray» schrieb. Wesentlicher für den Roman wurden allerdings Erfahrungen, die London als Seemann auf dem Robbenfänger «Sophie Sutherland» gemacht hatte. Wie in den Alaska-Erzählungen und Nordlandromanen kannte sich London mit der Lebensweise und dem Vokabular der von ihm beschriebenen Personen aus. Fachausdrücke aus dem Handwerk der dargestellten Figuren, Einzelheiten von Geräten und Werkzeugen setzte er ein, um seine Prosa realistisch anzusiedeln. *Backstag, Marssegel, Ketsch, anluven,* Wörter aus der Seemannssprache bestimmen Londons Realismus in dem Roman *Der Seewolf,* ebenso aber auch die Analyse von Tatsachen und die Erörterung der menschlichen Umwelt in ihren amoralischen und sozial ungerechten Aspekten. Basis der Erörterungen ist erneut die Evolutionstheorie, wie auch in den Romanen *Wenn die Natur ruft* und *Wolfsblut.* Wieder ließ sich London zu Romanzen der Vitalität verleiten.

Dem Kapitän des Robbenfängers «Ghost», Wolf Larsen, Bild der Ungezähmtheit und Wildheit, der physischen Stärke, stellte London einen Idealisten und Moralisten gegenüber. Der körperlich schwache Humphrey van Weyden, Sohn reicher Eltern, Ich-Erzähler des Romans, wird von dem Kapitän, dem Seewolf, auf offener See gerettet. Larsen zwingt den Ästheten, als Mannschaftsmitglied auf dem Schiff zu arbeiten. Zum erstenmal sieht sich der Literaturkritiker van Weyden mit der Lebenswirklichkeit, der Arbeitswelt, konfrontiert. Dem Kapitän des Robbenfängers, der Eigenschaften wie Londons Wölfe im Tierreich verkörpert, bereitet es Vergnügen, seine Mannschaft zu tyrannisieren und seine Überlegenheit zu beweisen. Van Weyden erfährt von Larsen, daß dieser

Charmian und Jack

Aus dem Film «Der Seewolf»

das Leben für wertlos hält, für einen *Gärprozeß*. Der Kapitän, der Spencer, Haeckel, Darwin und auch literarische Werke liest, hat sich eine Lebensphilosophie aufgebaut: *Ich behaupte, das Leben sei ein Gärstoff, ein Ferment, das Leben fresse, um selbst leben zu können, und das Leben sei nichts als erfolgreichste Gemeinheit. Nun, wenn es auf Angebot und Nachfrage ankommt,* doziert Larsen wie ein Industrieherr seiner Zeit weiter, *so ist das Leben das Billigste auf der Welt.*[102]

London legt Larsen Anschauungen in den Mund, die ihm selbst nicht fremd waren, denen er oft gefährlich nahe stand, aber die er dennoch in seinen sozial engagierten Schriften bekämpfte. *Macht ist Recht,* behauptet Larsen, *das ist alles, was darüber zu sagen ist. Schwäche ist Unrecht. Es ist gut für einen Menschen, wenn er stark, schlecht für ihn, wenn er schwach ist – oder noch besser: es ist angenehm, stark zu sein, weil man Vorteil davon hat, es ist peinlich, schwach zu sein, weil es Verlust bedeutet.*[103] Von seinem Standpunkt aus begeht er Unrecht, wenn er die Interessen anderer beachtet. Deshalb eignet er sich unbekümmert Humphrey van Weydens Geld an.

Larsen genießt die Gespräche mit dem Moralisten van Weyden. Beide begegnen sich in einer Art Haßliebe. Der Ästhet stellt fest, daß seine Maßstäbe von menschlicher Würde an Bord des Robbenfängers kaum Geltung besitzen. Er paßt sich der Situation mehr und mehr an und freut sich sogar, als sein Peiniger, der Koch, gequält wird. Dennoch wehrt er sich ständig gegen Larsens eng gefaßten Materialismus und findet auch einige Matrosen, die Larsens Lehre widerlegen. Als eines Tages Schiffbrüchige aufgenommen werden, unter ihnen die Schriftstellerin Maud Brewster, sieht sich van Weyden, bestätigt durch seine Selbstbehauptung auf der «Ghost», in seinen moralischen Überzeugungen bekräftigt. Er rettet Maud Brewster vor Larsen, flüchtet mit ihr auf eine einsame Insel, begegnet dort aber wieder dem brutalen Kapitän. Larsen, von seinem verhaßten Bruder überwältigt und von seiner meuternden Mannschaft ausgesetzt, trieb mit dem Wrack der «Ghost» an Land. Die Opponenten Larsen und van Weyden kämpfen erneut miteinander, aber Larsen ist im Nachteil. Ein Gehirntumor lähmt ihn und läßt ihn erblinden. Van Weyden und Maud Brewster machen die «Ghost» wieder seetüchtig und werden auf dem Meer, nachdem sie den toten Larsen versenkt hatten, von einem Kutter gerettet.

Die Seereise, in deren Verlauf Humphrey van Weyden zu sich selbst findet, spiegelt einen Initiationsprozeß. Der Ästhet und Idealist entwickelt sich durch Erfahrung und Erkenntnis zum Handelnden. Aber das Erscheinen Maud Brewsters verzerrt diese Entwicklung, spitzt sie ins Kitschig-Romantische zu, ja, Maud Brewster «bringt die ganze Handlung aus dem Gleichgewicht», wirft die Literaturkritik seit dem Erscheinen des Romans dem Autor vor, «und verzerrt eine naturalistische Studie in eine Romanze vom Leben auf einem einsamen Eiland. Larsens Untergang ist eher die Folge seines Unfalls, durch den er blind wurde, als eines tragischen Fehlers in seinem Charakter oder seiner Lebensanschauung, und die folgenden Szenen auf der Insel mit ihrer absurden Mischung von viktorianischer Prüderie und primitiver Gesetzmäßigkeit und ihrer störenden Unwahrscheinlichkeit lassen den Roman einen schlimmeren Schiffbruch erleiden als das Schiff Ghost oder dessen Herrn.»[104]

An Frauenfiguren scheiterten Londons Hauptwerke. Bitter-realistische

Jack und Charmian an Bord der «Snark»

Darstellungen, naturalistische Studien verschoben sich in klischiert-romantische Vorstellungswelten, sobald London seine Idealfrauen auftauchen ließ. Als Kritiker erklärten, daß Maud Brewster unglaubhaft sei, antwortete London: *Ich habe eine Frau geliebt und sie in meinem Buch dargestellt, und die Kritik will mir erzählen, daß die Frau, die ich geliebt habe, nicht glaubhaft sei!* [105] London hatte nicht nur Charmian Kittredge zeichnen wollen, er hatte auch ihren sentimental-moralisierenden Briefstil übernommen. Tatsächlich verliert sich die erzählerische Straffheit des Romans, sobald Maud Brewster zu Wort kommt.

Ein anderer Vorwurf, der von seinen sozialistischen Freunden erhoben wurde, traf London ebenso stark. Er habe den brutalen Übermenschen verherrlicht, hielt man dem Autor vor, er habe unreflektiert Nietzsches Theorien vom «philosophischen Gewaltmenschen» gepriesen. Der Roman strahle Londons Interesse an Wolf Larsen aus, alle anderen Personen seien nur Randfiguren. Das Konglomerat aus Nietzsche- und Darwin-Adaption entbehre jeder schlüssigen Charakterisierung. Aber London hat in seiner Hauptfigur Wolf Larsen weitaus mehr angelegt, als die vorschnelle Verurteilung dieser «Bestie» wahrhaben will. Wie Melville, dessen Kapitän Ahab in dem Roman «Moby Dick» zu den großen, gottlosen und gottähnlichen Männern der Literaturgeschichte gehört, versuchte auch London einen *Luzifer* des Meeres zu prägen. Melvilles

Herman Melville

Roman diente ihm als Vorbild. Der Gedanke der Jagd und Suche, der «quest», treibt Larsen ebenso wie Kapitän Ahab zu seinen Handlungen. Einerseits wird die Jagd im wörtlichen und konkreten Sinn verstanden, als wirtschaftliche Ausbeutung des Meeres. Larsen jagt Robben, Ahab Wale. Psychologisch gesehen verläuft die Jagd als zwanghafter Selbstzerstörungsprozeß. Larsen erkennt das Leben als *Gärungsvorgang*, Ahab als allmähliche Verstümmelung. Unter moralischen Gesichtspunkten revoltieren beide Kapitäne gegen die «condition humaine», übersteigern den Individualismus und enden in der Isolation.

Irving Stone, Londons Biograph, spricht davon, daß der Eingriff eines Zeitungsredakteurs den zweiten Teil des Romans *Der Seewolf* verwässert habe. Die Zeitschrift «Century» bot als Honorar für den Vorabdruck des Romans 4000 Dollar. Die Redaktion stellte aber eine Bedingung. Van Weyden und Maud Brewster, die in dem von London vorgelegten, ersten Teil gerade geflüchtet waren, sollten im zweiten Teil nichts tun, was die Leser der Zeitschrift beleidigen könnte. London nahm den Vorschlag an und akzeptierte das Honorar. Er wollte in der «ätherischen» Maud Brewster ohnehin Charmian Kittredge ein Denkmal setzen. Es bedurfte nicht erst der redaktionellen Einsprache, um den Roman ins Kitschig-Sentimentale zu verwandeln.

Die Arbeit am Roman *Der Seewolf* wurde für Monate unterbrochen.

1905

Am 7. Januar 1904 fuhr London nach Yokohama, um als Journalist über den Russisch-Japanischen Krieg zu berichten. Er schlug sich ohne Erlaubnis der Militärbehörden an die Front durch und wurde auf Befehl Tokios inhaftiert. Nach seiner Freilassung konnte er nicht länger über militärische Einzelheiten berichten. Er befand sich weit hinter der Front. Dennoch hatte er mehr erfahren als die meisten seiner Kollegen, die sich in Tokio aufhielten. Seine Artikel schrieb London für die Hearst-Presse.

Er hatte den Pressekonzern gewählt, der ihn am besten bezahlte. In seinen Berichten nannte London die Japaner *gelbe, niedriger stehende Menschen* und bekundete Sympathie und Mitleid für die russischen Kriegsgefangenen.

Nach der Rückkehr aus Japan kaufte London seiner Frau, die die Scheidung vorbereitete, ein Haus in Piedmont. Er verstrickte sich in Schulden und war froh, daß er durch den schnellen Absatz des Romans *Der Seewolf* einen Vorschuß von 3000 Dollar erhielt. Buchhändler hatten allein 40 000 Exemplare vor Erscheinen des Buches bestellt. Der Roman wurde ein Modebuch und Diskussionsanlaß, sei es, daß die Brutalität des Autors angeprangert wurde, sei es, daß der Realismus der Darstellung gepriesen wurde, oder sei es, daß man die Erzählung als philosophische Auseinandersetzung zwischen dem Materialismus und dem Idealismus verstand. Daß er in der Person Wolf Larsens Gewalt und Brutalität verherrlicht habe, bestritt London zeitlebens: *Ich habe Nietzsche und seine Übermenschen-Idee angegriffen ... niemand hat es entdeckt, daß dies Buch ein Angriff auf die Übermenschen-Philosophie*

Paßkontrolle in Ping Yang

ist.[106] Die Selbstzerstörung Larsens, so behauptete London, sei das Resultat eines falschen Individualismus. Dies äußerte er auch mit Blick auf einige Sozialisten, die ihm mißtrauten. Gegenüber dem vitalen Erzähler hatten sich die Sozialisten in zwei Lager gespalten. Die einen meinten, er werde ihre Ideen in weiteste Kreise tragen, sie überhaupt erst im Land bekannt machen, die anderen betonten, daß London zu heftig und zu aufgeregt argumentiere und damit Zuhörer und Leser vom Sozialismus abhalte. Schließlich propagiere er auch nicht sozialistische Gedanken, sondern einen übersteigerten Individualismus. Aus heutiger Sicht wendet der Literaturkritiker Philip Foner ein, daß London philosophische Theorien in einer Sprache erklärte, «die Arbeiter verstehen konnten und die sie ohne Gebrauch eines Lexikons lesen konnten, weil sie ihrem Alltag entstammten»[107]. Das mag für Londons Essays zutreffen, doch in seinen Romanen verschleierte der Autor soziale Kausalitäten eher, als daß er sie erhellte. Nur in seinen Reden und politischen Aufsätzen äußerte er sich direkt und unmittelbar, ohne Rücksicht auf die Interessen seiner Verleger und deren Kunden. 1905 gab er die Essay-Sammlung *The War of the Classes (Der Klassenkampf)* heraus: *Der Kapitalist muß zuerst lernen, daß Sozialismus von der Ungleichheit der Menschen und nicht von deren Gleichheit ausgeht ... Dann muß er begreifen, daß der Sozialismus von dem ausgeht, was existiert, und nicht von dem, was sein sollte. Die Grundlage des Sozialismus ist der Staub der alltäglichen Straßen ...*[108]

London vertrat das in den Massen erwachte Bedürfnis nach persönlicher Selbstbestätigung und verlieh diesem Bedürfnis oft einen romantisch gefärbten Ausdruck. In dem Maße, in dem der Individualismus in den Vereinigten Staaten aber antisozial und egoistisch wurde, verlor er seine Glaubwürdigkeit. Der «militante Optimismus» eines Jack London mit seiner Lehre vom starken Mann, der keine Hindernisse kennt, berührte sich mit den Auffassungen der Besitzenden und der politischen Führungsschicht in den USA. Diese Verbindung wollte London abstreifen. Er schrieb einen proletarischen Roman *The Iron Heel (Die eiserne Ferse)* und trat als öffentlicher Redner für die «Socialist Party» auf. Seine individual-anarchistisch geprägten politischen Anfänge überwand er und fügte sich für einige Monate in die Parteidisziplin ein.

Die «Sozialistische Partei» der USA zählte um 1901 nur einige Tausend Mitglieder. Sie wuchs bis 1912 auf 118 000 Mitglieder an und konnte in demselben Zeitraum ihren Wählerstamm von 87 000 auf fast eine Million erweitern. London fühlte sich einer erfolgreichen politischen Bewegung verbunden, der seiner Meinung nach die Zukunft der USA gehörte. Am 20. Januar 1905 sprach London vor 3500 Zuhörern in der University of California. Er erläuterte die Ziele einer sozialen Revolution und den Sinn des internationalen Sozialismus. Wenige Wochen später erklärte er Geschäftsleuten in Stockton, die ihn zu einer Rede eingeladen hatten, daß die in Petersburg gegen den Zaren kämpfenden Arbeiter seine Brüder seien. Von nun an verfolgte die kalifornische Presse die Reden Londons mit heftigen Attacken. Es wurde ihm nachgesagt, er wolle die amerikanische Verfassung abschaffen. Als sich der Politiker London im Frühjahr 1905 erneut als Bürgermeisterkandidat in Oakland aufstellen ließ, konnte die Presse dem «politischen Fanatiker», wie sie ihn nannte, die Wähler abspenstig machen. Er erhielt nur 981 Stimmen. Ein anderer Einsatz für die Sozialisten wurde ebenfalls von der Presse durchkreuzt. Mit Upton Sinclair und politischen Freunden plante London eine Rundreise durch die Vereinigten Staaten. Die Autoren traten vor Frauenvereinigungen, vor Klubs und in Universitäten auf. London erhielt als romantische Zeitfigur und als Vertreter der Unterprivilegierten schnelle Publizität. Aber bald nahm die Presse Londons Scheidung zum Anlaß, um den Autor unglaubwürdig zu machen, zumindest den sozial engagierten Schriftsteller Jack London. Es wurde bekannt, daß er einen Tag nach seiner Scheidung bereits die Ehe mit Charmian Kittredge eingereicht hatte. Damit erfuhr die Öffentlichkeit, daß London seine Frau und die Kinder nicht wegen häuslichen Streits verließ, sondern wegen einer anderen Frau. Hätte London mit der neuen Eheschließung einige Monate gewartet, wäre der Skandal zu vermeiden gewesen. Nun wurde obendrein noch die vorschnell vollzogene Ehe für ungültig erklärt, weil die Standesbeamten nicht darauf geachtet hatten, daß in Kalifornien die Geschiedenen erst nach einem Jahr erneut getraut werden durften. Puritaner und Spötter vereinigten sich in ihren Angriffen auf London. Die «unschickliche Hast» der Eheschließung wurde von Zeitungen und Kirche angeprangert. Die Städte Pittsburgh, Pennsylvanien, und Derby, Connecticut, verbannten Londons Bücher aus ihren Bibliotheken. Frauenvereine annullierten die Vorträge des «Ehebrechers». Jemand, der noch nicht einmal seine eigenen häuslichen Angelegenheiten in Ordnung halten konnte, wollte der Menschheit Lehren erteilen, hieß es. Die Gegner des Sozialismus benutzten die Gelegenheit, um von Chaos und zukünftiger Anarchie, von Unmoral und Zerstörung der Zivilisation zu sprechen, falls Londons Ideen Schule machen würden.

In den Universitäten und Colleges konnte London weiterhin als Redner auftreten. Zweitausend Studenten hörten von ihm in Harvard eine Verteidigungsrede auf die russische Revolution. Aber auch Geschäftsleute luden den angriffslustigen Redner ein. In New York klagte London sein wohlhabendes Publikum mit den Worten an: *Ihnen ist die Welt anvertraut worden. Sie haben sie in Unordnung gebracht und schlecht verwaltet. Sie sind unfähig, trotz Ihrer Großsprecherei. Vor einer Million Jahre konnte der Höhlenbewohner ohne Werkzeuge, mit kleinem Gehirn, ausgestattet allein mit der Stärke seines Körpers, Frau und Kinder ernähren, so daß sie überlebten. Sie dagegen, mit allen modernen*

Produktionsmitteln ausgestattet, multiplizieren die Produktionskapazität des Höhlenbewohners ums Millionenfache, Sie sind aber unfähig, ihren Millionen von Mitmenschen das tägliche Brot zu geben, das das physische Leben erhält. Sie haben die Welt schlecht verwaltet, und deshalb sollen Sie nicht länger die Verantwortung tragen ... Wer wird Ihnen die Welt wegnehmen? Wir! Und wer sind wir? Wir sind sieben Millionen Revolutionäre, und unsere Zahl wächst. Und wir möchten alles haben, was Sie besitzen. Sehen Sie uns an! Wir sind mächtig! Sehen Sie unsere Hände an! Es sind starke Hände ... Sie sind unfähig und müssen sich den Starken unterwerfen. Wir sind die Starken, und eines Tages werden wir Ihnen Macht zeigen, so wie Sie sich Macht in Ihren schwachen Gehirnen nie erträumt haben.[109]

Protest und Zwischenrufe erhoben sich, aber London konnte seinen Vortrag beenden und ging aus dem Saal. Ihm wurde nachgerufen, er gehöre ins Gefängnis.

Am 26. Januar 1906 fuhr London zur Yale University. Vor dreitausend Zuhörern sprach er pathetisch über die kommende Revolution, über den internationalen Sozialismus, über Wahlen und die Möglichkeit von Gewaltanwendung, falls die Sozialisten mit Gewalt angegriffen würden. Die Bewegung werde von den Arbeitern getragen, sagte London. Sie wollten den Kapitalismus zerstören, jene Gesellschaftsform, die inhuman sei, da sie Arbeitslosigkeit und Hunger hervorrufe. Tatsächlich sei aber bei dem technischen Standard der Moderne kein Grund für Hunger und Armut gegeben. London belegte seine Ausführungen durch soziologische Unterlagen und Statistiken der Gewerkschaft. Dummheit und Unfähigkeit zeichneten den Kapitalismus aus, rief London. Mit Gewehren, Polizisten, Streikbrechern und bewaffneten Detektiven wolle man die Revolution bekämpfen. Aber dadurch werde die Solidarität unter den Arbeitern nur verstärkt. Der Mittelklasse gestand London nur noch eine Nebenrolle in der sozialen Entwicklung zu.

Die Studenten klatschten Beifall und London wurde auf ihren Schultern über den Campus getragen. Die «New York Times» beschäftigte sich am 1. Februar 1906 in einem langen Aufsatz mit Londons Vortrag. Gelobt wurde die Offenheit des Redners. Er nenne endlich die Ziele des Sozialismus, nämlich blutigen Bürgerkrieg, Klassenkampf, Zerstörung der Gesellschaft und Abschaffung der Verfassung. Die Zeitung legte London Worte in den Mund, die er nicht gesagt hatte. In einem Leserbrief protestierte Upton Sinclair gegen die Fehldeutung der New Yorker Journalisten. London habe von internationaler Solidarität gesprochen, sagte Sinclair, und nicht von Krieg und Zerstörung. In den Ländern, in denen Sozialisten frei zur Wahl gehen könnten und Redefreiheit hätten, werde keine Gewalt nötig sein, um ihnen den Sieg zu bringen. Allein in Ländern, die diese Verfassungsrechte einschränkten, werde Gewalt nötig sein. Doch Sinclairs Brief veranlaßte die Zeitung, London erneut vorzuwerfen, daß er «zur Hölle mit der Verfassung» ausgerufen habe. Ein Aufruf ging durch die Vereinigten Staaten: «Boykottieren Sie alle Zeitschriften, die Geschichten von Jack London abdrukken.»

Bis Anfang Februar hielt London seine Vorträge. Dann erkrankte er, nachdem er vier Monate im ganzen Land und an den Universitäten von Yale, Harvard, Columbia und Chicago gesprochen hatte. Seine Vortragsreise nahm er nie wieder auf. Er zog sich nach Glen Ellen zurück, wo er sich mit Charmian Kittredge angesiedelt hatte. Die der Mittelklasse angehörenden Sozialisten warfen ihm vor, daß er sich zum Sprecher der Bewegung gemacht habe. Sie distanzierten sich öffentlich von dem «radikalen» Redner. Doch tatsächlich hatten London und die «Intercollegiate Socialist Society», die er mitbegründete, es durchgesetzt, daß an den Universitäten soziale Fragen aufmerksamer verfolgt und diskutiert wurden. London, der in seine Vorträge stets Fakten einbaute, konnte auf Mißstände aufmerksam machen, was auch Zeitungen zum Teil zugaben: «Sklaven in Chicago – Sklaven, die für einen Hungerlohn arbeiten, die den ganzen Tag arbeiten und nur 15 Cents verdienen. Eine Familie mit drei Personen verdiente in der letzten Woche insgesamt 2,50 Dollar – ein kräftiger Mann verdiente in derselben Zeit nur 95 Cents – eine Frau glaubt, 1,25 Dollar pro Woche sei ein guter Lohn. Sie ernährt zwei Kinder mit 90 Cents pro Woche – dies sind Lebensbedingungen, die heute von den Reportern des ‹Chicago American› entdeckt wurden . . . Genügend Fakten bestätigten bereits die Aussagen des Schriftstellers und Sozialisten Jack London, der in New York gesagt hatte, daß viele Mädchen und Frauen Chicagos nur 90 Cents pro Woche verdienen.»[110]

Ein weiteres Verdienst Londons in dieser Zeit war es, daß er sich für das mit Zensurmaßnahmen bedrohte Buch Upton Sinclairs, den Roman «The Jungle», einsetzte. Das Buch griff die amerikanische Gesellschaftsordnung am Beispiel der Schlachthöfe Chicagos an. Erschütternde Enthüllungen über das Sklavendasein der Arbeiter, das Sinclair aus eigenen Recherchen kannte, und über skandalöse Zustände in der Fleischverarbeitung versetzten Öffentlichkeit und Parlament in Bewegung. Die Nachfrage nach Fleisch sank rapide. Das Buch, das anfangs keinen Verleger fand, wurde von Sinclair im Selbstverlag herausgegeben. London rief alle Parteifreunde auf, das Buch zu kaufen und damit den Druck zu subventionieren. Er schrieb enthusiastische Kritiken. Bald interessierte sich der Verleger Doubleday, Page & Co für den Roman; Hearings fanden in Washington statt, ob die Fakten, die Sinclair dargestellt hatte, der Wahrheit entsprächen. Der Roman, der mit einem pathetischen Aufruf zum Sieg der Arbeiterpartei endete, war ein Erfolg für die politische Literatur in den Vereinigten Staaten.

Einiges schien darauf hinzudeuten, daß sich die *Revolution,* von der

London immer wieder gesprochen hatte, durchsetzen könnte: *Die Revolution ist eine Tatsache. Sie ist da. Sieben Millionen Revolutionäre, organisiert, arbeiten Tag und Nacht, predigen die Revolution, das leidenschaftliche Evangelium, die Brüderschaft der Menschen. Die Revolution ist nicht allein kalte ökonomische Propaganda, sondern sie ist in ihrem Wesen eine religiöse Propaganda mit der Leidenschaft, wie sie Paulus und Christus kannten. Die Kapitalisten sind angeklagt. Ihre Verwaltung ist fehlgeschlagen und die Verwaltung muß ihnen aus den Händen genommen werden. Sieben Millionen Arbeiter wollen auch die restlichen Arbeiter überzeugen, daß sie sich ihnen anschließen müssen, um die kapitalistische Verwaltung zu verjagen. Die Revolution ist da, jetzt. Wer sie aufhalten will, soll es versuchen.*[111]

Jack London übertrieb, wenn er von sieben Millionen Revolutionären in den USA sprach. Aber er hatte erkannt, daß die amerikanische Gesellschaft sich in Klassen spaltete, die in völlig verschiedenen Welten lebten. Die Reichen des Landes hatten sich von 1860 bis 1910 erheblich vermehrt. Es gab statt zwanzig bald fünftausend Millionäre. Um die Jahrhundertwende gehörten etwa einem Achtel der gesamten Bevölkerung neun Zehntel des gesamten Volksvermögens – die Fabriken, die Eisenbahnen, die Banken. Die Gruppe der wohlhabenden Geschäftsleute entfaltete demonstrativ Prunk und Besitztum. Für die Arbeiter der Industriestädte sah das Leben anders aus. Sie hausten zumeist in schmutzigen Wohnhäusern, waren in Baracken untergebracht, lebten in Mas-

Heimarbeit

Slum in Washington, um 1908

senquartieren. Neben den selbstbewußten Reichen und neben der Arbeiterschaft standen die Farmer und die große Gruppe der Mittelklasse, für die sich am amerikanischen Lebensstil kaum etwas veränderte. Nur wenige Mittelkläßler beteiligten sich an den Fragen der Zeit. Im Mittelpunkt ihres gesellschaftlichen Lebens befand sich die Kirche, die sie nicht, wie London und andere, in einer revolutionären Tradition sahen. Dennoch, aus dem Kreis dieser Mittelklasse, aus dem Kreis der Lehrer, Professoren und Studenten kam gelegentlich Kritik am Wirtschaftssystem der USA. Die Einkommensverteilung wurde untersucht, das Verhalten der Wirtschaftsspekulanten getadelt, der wirtschaftliche Individualismus angeprangert. Doch nur einige hatten den Mut, sich den

Farmer-Familie in Kansas

Gedanken des Arbeiterführers Eugene V. Debs anzuschließen, der gegen den uneingeschränkten privaten Profit argumentierte. Debs meinte, die Gesamtgesellschaft habe den Reichtum geschaffen und deshalb müßten auch alle Bewohner eines Landes den Reichtum genießen können. Der Staat sollte die Großindustrien in eigene Hände nehmen und diese zum Nutzen der Gesamtheit verwalten. Kleinere Unternehmen wollte Debs in Privathand belassen. Nur die monopolitische Großindustrie sollte sozialisiert werden. Debs, Organisator der Sozialistischen Partei und Freund Jack Londons, vertrat die Meinung, daß Sozialisierungen die Demokratie in den USA stärken würde. Es blieb die Frage, auf welchem Weg die Besitzenden enteignet werden sollten. Darüber zerstritten sich die Vertreter der Arbeiterschaft. Einerseits hoffte man, daß die Sozialisten durch Wahlen legal an die Macht kämen und ohne

Widerstand ihre Politik durchsetzen könnten. Andererseits gab es Gewerkschaftsführer, wie etwa De Leon, die die Lage realpolitisch betrachteten und zum Generalstreik aufforderten.

Lange Zeit hatte Jack London an einen demokratischen Übergang zum Sozialismus geglaubt. Durch Wahlen, so hoffte er, würden die wenigen Kapitalisten überstimmt. Aber seine Erfahrungen mit der Presse und Großindustriellen zeigten ihm, daß viele sozialistische Führer und er selbst träumten. Er schrieb einen Zukunftsroman, in dem er die weitere Entwicklung des amerikanischen Sozialismus als Kampf gegen die Kapitalisten vorhersagte. Der Roman *The Iron Heel (Die eiserne Ferse)*, von Jack London im Sommer 1906 beendet, zeigt Kapitalbesitzer, die sich diktatorische Macht aneignen, nachdem die Arbeiterschaft in Wahlen die Mehrheit des Parlaments gewonnen hatte. *Die eiserne Ferse*, Name der herrschenden Kapitalisten, streitet in den Jahren 1912 bis 1932 mit brutaler Gewalt gegen die Untergrundbewegungen der Sozialisten. Der politisch-utopische Roman hat die Form eines unvollendeten Manuskripts, das angeblich 1932 entstand und siebenhundert Jahre später aufgefunden und veröffentlicht wird. Geschrieben hat das Manuskript die Frau des Arbeiterführers Ernest Everhard, ein von London erfundener Mensch von großer Kraft und starkem Willen. Er wird von Avis Everhard als *ein Übermensch, eine blonde Bestie, wie Nietzsche sie geschildert hat* [112], beschrieben. Doch diese direkte Identifikation mit Nietzsche wird in den Anmerkungen zu dem Buch, die die Herausgeber siebenhundert Jahre später hinzufügten, relativiert. Nietzsche erscheint in den Anmerkungen als *der besessene Philosoph des neunzehnten Jahrhunderts der christlichen Ära, der hin und wieder einen stürmischen Blick auf die Wahrheit zu werfen vermochte, der sich jedoch, ehe er erledigt war, mit seinen Argumenten und Schlußfolgerungen um den großen Kreis menschlichen Denkens und fort in den Wahnsinn bewegte* [113]. Es ist Londons Fazit seiner Beschäftigung mit Nietzsche. Nietzsches Geschichtsinterpretation trifft nach Jack London auf die Jahrhundertwende zu. Für die Zukunft und das Jahrhundert der *Menschenbrüderschaft*, in dem der Kommentar geschrieben wurde, bleibt der *besessene Philosoph* ein Mann der Vergangenheit, der gelegentlich Wahrheiten erkannte.

Jack London, der sich ausführlich mit Nietzsches These vom Übermenschen beschäftigte, übernahm in alle seine Werke Gedanken dieses Philosophen, modifizierte die Gedanken jedoch oft und fügte ihnen seine begrenzten Kenntnisse des Marxismus hinzu. Marxismus bestand für ihn im wesentlichen in Wirtschafts- und nicht so sehr in Staatstheorie. Die Verbindung von Nietzsche und Marx förderte in Londons Werk Menschen zutage, die Übermenschen und zugleich Gefühlssozialisten sind. Sie sind sich ihrer Überlegenheit bewußt und wollen für die sozial Deklassierten wirken. *Der Individualismus wird sich selbst vernichten und auch Amerika, wenn er sich nicht mit seinem sozialistischen Gegenbild vereinigt* [114], motivierte London seinen Marx–Nietzsche, der auch Elemente Darwins enthält.

Die eiserne Ferse setzt Militär, Polizei, Schläger, Detektive und Spitzel ein, um die im Untergrund agierenden Sozialisten zu vernichten. Zur Verteidigung müssen die Arbeiter um Ernest Everhard zu ähnlichen brutalen Gewaltmaßnahmen wie die Kapitalisten greifen. Um Ernest Everhard versammelt sich die Avantgarde der *Auserwählten* für die Revolution. Diese Revolutionäre entstammen zwar zumeist der Arbeiterschaft, aber ihr Wissen stellt sie in eine Distanz zu den Arbeitern. Diese Problematik hat London auch später in dem Roman *Martin Eden* beschäftigt. Sie verfolgte ihn in seiner eigenen Entwicklung. Er hat die Kluft durch seinen «militanten Optimismus», durch seine emotionale Beteiligung an Fragen der Arbeiterschaft überwinden wollen – und dennoch, er hat an der Kluft immer wieder gelitten, weil er beides wollte: Mitglied der Arbeiterschaft sein und Erfolg als Bürger eines kapitalistischen Landes erleben. Zeitweilig trug er den Kampf zwischen Sozialisten und Kapitalisten in sich selbst aus. Allein in den Jahren 1905 und 1906 war sich London seiner sozialistischen Ideen sicher. Der Roman *Die eiserne Ferse* ist das Ergebnis eines langen Denkprozesses. Mit diesem, in großen Teilen mißglückten Werk zählt der Autor zu den ersten proletarischen Schriftstellern Amerikas. «Ernest Everhard ist die einzige literarische Zentralgestalt Jack Londons», sagt der Literarhistoriker Rolf Recknagel, «die nicht ausschließlich ihr eigenes Schicksal verficht, sondern ihr ganzes Handeln und Denken einer Mission widmet: die Macht der Oligarchie zu brechen.» [115]

Das Manuskript der Avis Everhard endet mit der Hinrichtung ihres Mannes. In einigen Anmerkungen wird die spätere Entwicklung der Politik nachgezeichnet. *Die eiserne Ferse* kann sich noch dreihundert Jahre an der Macht halten. Dann setzt das Zeitalter des Sozialismus ein. Anfang des 27. Jahrhunderts wird das Manuskript in Wake Robin Lodge, USA, entdeckt. Verblüffend an Londons 1906 geschriebenem Roman ist die präzise Voraussage des Faschismus, wie ihn Europa einige Jahrzehnte später erlebte, und die Erkenntnis der antidemokratischen Entwicklung der Vereinigten Staaten in ihrem Wirtschaftskolonialismus. Stilistisch nähert sich der Roman oft der Kolportage und der pamphletartigen Verkündigung. Die Charakterisierung Everhards als *Apostel der Wahrheit, mit leuchtender Stirn und der Furchtlosigkeit eines von Gottes Engeln* [116] ist widersprüchlich, wenn auf der anderen Seite die arbeitslosen Massen als machtloser und zerstörerischer *Mob* erscheinen. Dennoch, das Buch nahm politische Entwicklungen vorweg und bewies, daß die Kapitalausfuhr als wirtschaftliche Expansionsmethode internationale Konflikte zuspitzt. Es warnte die amerikanischen Sozialisten vor reformistischen Gedanken, nämlich vor einem Arrangement

Friedrich
Nietzsche

mit den Kapitalisten. Den Ersten Weltkrieg sagte London in dem Roman ziemlich präzis voraus. Er verlegte ihn in die Wintermonate des Jahres 1912. Nur, er glaubte, daß die internationale Solidarität der Arbeiter zu dem Zeitpunkt so gestärkt sein werde, daß sie die *Taschenspielerkunststücke* der Oligarchie verhindern könnte. Er meinte, daß sich die Sozialisten Deutschlands und der USA untereinander verständigen und den Generalstreik ausrufen würden. Diese Zukunftsprojektion war eine Illusion. Auch Jack London verhielt sich um 1914 nicht mehr nach seinen Erwartungen als Sozialist, denn er glaubte in jenen Jahren, daß Amerikaner ihren mexikanischen Nachbarn die *Segnungen* der Demokratie bringen müßten und daß eine Allianz gegen Deutschland notwendig wäre. Auf jeden Fall, 1906, als London seinen Roman *Die eiserne Ferse* schrieb, projizierte er in die Arbeiterbewegung noch alle Macht, um kommende Kriege zu stoppen:

Am 4. Dezember 1912 wurde der amerikanische Gesandte aus der deutschen Hauptstadt abberufen. In jener Nacht machte ein deutscher Flottenverband einen Angriff auf Honolulu, versenkte drei amerikanische Kreuzer und einen Zollkutter und bombardierte die Stadt. Am Tag darauf erklärten Deutschland und die Vereinigten Staaten den Krieg, und kaum eine Stunde später riefen die Sozialisten in beiden Ländern den Generalstreik aus.

Zum erstenmal sah sich der oberste deutsche Kriegsherr den Untertanen gegenüber, die sein Reich in Gang hielten. Ohne sie konnte er sein Reich nicht verwalten. Das Neue der Situation lag darin, daß ihre Revolte passiv war. Sie kämpften nicht. Sie taten nichts. Und indem sie nichts taten, banden sie ihrem obersten Kriegsherrn die Hände. Er hätte sich nichts Besseres gewünscht als eine Gelegenheit, seine Kriegshunde auf das rebellische Proletariat loszulassen. Aber die wurde ihm versagt. Er konnte weder seine Armee mobilisieren, in den Krieg zu ziehen, noch konnte er seine widerspenstigen Untertanen bestrafen. Nicht ein Rad drehte sich in seinem Reich. Nicht ein Zug fuhr, nicht eine einzige telegraphische Mitteilung lief über die Drähte, denn die Telgraphisten und Eisenbahner hatten wie die übrige Bevölkerung die Arbeit niedergelegt.

Auf Kreuzfahrt, um 1911

Und wie in Deutschland war es in den Vereinigten Staaten. Endlich hatten die organisierten Arbeiter ihre Lektion gelernt ... Der Krieg sollte abgeblasen werden, oder der Generalstreik würde fortgesetzt. Es dauerte nicht lange, bis man zu einer Verständigung kam. Die Kriegserklärungen wurden zurückgezogen, und die Bevölkerung beider Länder nahm die Arbeit wieder auf.[117]

War London ein Gefühlssozialist, ein Utopist? Vielleicht hat er bei der Niederschrift eines klar gesehen: die besitzenden Klassen in den USA würden auch die Demokratie aufs Spiel setzen, um ihre Macht zu verteidigen. Die Rolle der Arbeiterschaft hat er überschätzt. Er wollte die Arbeiter Amerikas aufklären, wie er in einem Interview sagte: *Die Geschichte zeigt, daß die Herrschenden sich nicht freiwillig abwählen lassen. Die Kapitalisten besitzen die Regierungen, die Armeen und die Miliz. Glauben Sie denn etwa, die Kapitalisten werden diese Institutionen nicht benutzen, um sich selbst an der Macht zu halten? Ich glaube, daß sie sie benutzen werden.*[118] Anatole France meinte in den zwanziger Jahren, daß London die Gegenwart vorausgesehen habe, und Trotzki lobte die Kühnheit und Unabhängigkeit der historischen Voraussagen des Romans.

Als der Roman *Die eiserne Ferse* 1907 erschien, segelte Jack London mit seiner Frau Charmian auf hoher See. Das Ehepaar plante eine Weltreise und wollte erst nach sieben Jahren in die Vereinigten Staaten zurückkehren. Mit Verzögerung erfuhr London, daß die amerikanische Presse den sozialistischen Roman als barbarisches Machwerk verurteilte, als Prosa für Leser, die die Zivilisation zerstören wollten. Die gemäßigten Sozialisten warfen dem Autor vor, daß er die langsamen Wahlgewinne der Partei nicht richtig einschätzte und Pessimismus sowie Verzweiflung verbreitete.

Warum brach London plötzlich zu einer siebenjährigen Weltreise auf? Warum verließ er die USA, als er den größten Erfolg hatte und zudem zum Wortführer der Sozialisten wurde? Es gibt kaum Erklärungen für den Bruch in Londons Lebensgeschichte. Vielleicht wollte er ein neues Leben beginnen oder sein abenteuerliches Dasein der Jugendzeit wiederholen. Vieles spricht dafür, daß der vitale Mann mehr und mehr von Depressionen attackiert wurde und Abstand zu seiner Umwelt und seinem bisherigen Leben suchte. An Bord der «Snark», einem von ihm entworfenen Segelschiff, schrieb er an einem Roman, der sein ganzes Leben umfassen sollte. Er zeichnete in der Hauptfigur des Romans *Martin Eden* ein Abbild seiner eigenen Entwicklung und seiner schriftstellerischen Arbeit. In einem leidenschaftslosen Realismus will Martin Eden, der anfangs ein junger Matrose ohne Ausbildung ist, über die Welt und sich schreiben. Mühsam erwirbt er sich im Selbststudium eine Allgemeinbildung und produziert Gedichte, Essays, Kurzgeschichten und Berichte. Zeitungen und Verlage lehnen seine Arbeiten ab. Auch die von ihm geliebte Ruth Morse, die Identitäten mit Londons Freundin Mable Applegarth aufweist, rät Martin Eden von der Schriftstellerei ab. Ruth, aus wohlhabendem Haus, verlobt sich gegen den Willen ihrer Eltern mit Martin, kann aber nicht verstehen, daß der Verlobte auch nach Mißerfolgen weiterhin schreibt. Sie empfindet seine realistischen Darstellungen als grob und brutal und akzeptiert seine Bewunderung für Darwin, Spencer und Nietzsche nicht. Die Verlobten trennen sich. Aber jetzt stellt sich der Erfolg ein. Martin Edens Geschichten und Bücher werden gedruckt. Schnell erwirbt der junge Autor Ruhm und wird reich. Für Ruth und ihre Familie ist er damit gesellschaftsfähig geworden. Doch Martin Eden verabscheut nun die von ihm einst idealisierte gebildete Schicht. Heuchelei ist ihre Grundlage, sagt sich Eden und erklärt Ruth: *Du siehst, ich habe mich nicht verändert, wenn auch der Wert, den ich plötzlich scheinbar erhalten habe, mich beständig zwingt, mich davon zu überzeugen. Ich habe noch dasselbe Fleisch auf den Knochen, dieselben zehn Finger und Zehen. Ich bin derselbe. Ich habe weder neue Kräfte noch neue Tiefen entwickelt. Mein Hirn ist dasselbe, das es stets ge-*

Leo Trotzki

wesen. Ich bin persönlich genauso viel wert wie damals, als niemand mich gebrauchen konnte. Und was ich nicht begreifen kann, ist, warum sie mich jetzt haben wollen. Das kann doch unmöglich um meiner selbst willen sein, denn ich bin doch ganz derselbe, den sie früher nicht gebrauchen konnten. Dann muß es also um eines andern willen sein, etwas, das außerhalb meiner liegt, das nicht mit mir identisch ist. Soll ich dir sagen, was es ist? Es ist die Anerkennung, die ich gewonnen habe. Aber die Anerkennung ist nicht ich selber. Sie existiert nur in den Köpfen anderer Leute. Und dann das Geld, das ich verdient habe und immer noch verdiene. Aber das Geld ist nicht ich. Es befindet sich in Banken und in den Taschen aller möglichen Leute. Und um dieser Dinge, um der Anerkennung und des Geldes willen, willst du mich jetzt haben.[119]

Martin Eden fühlt sich in seiner Umwelt fremd. Er sieht, daß er als Ware und als erfolgreicher Gegenstand gehandelt wird. Er ist aber auch unfähig, sich mit der Arbeiterschaft, aus der er hervorgegangen ist, weiterhin zu identifizieren. Sein Lebenswille ist gebrochen. Der Sinn der Schriftstellerei ist ihm fragwürdig geworden. Er begeht Selbstmord. *«Kein Toter aufersteht». Diese Zeile durchbebte ihn mit dem tiefen Gefühl der Dankbarkeit. Das war das einzig Wohltuende im ganzen Universum. Wenn das Leben zu Last und Qual wurde, dann war der Tod bereit, ihn zur ewigen Ruhe zu führen. Worauf wartete er? Es war Zeit, zu gehen.[120]*

Der Roman *Martin Eden*, neben vielen Kurzgeschichten eines der literarisch gelungensten Werke Londons, sollte ursprünglich *Success (Erfolg)*

Die «Snark» entsteht

«Snark», April 1907

benannt werden. Ironisch wollte London damit auf die Entwicklung seines stark autobiographisch gezeichneten Titelhelden hinweisen. Der Kampf Martin Edens um Zutritt zur Welt der Literatur, seine Hingabe an den Beruf des Schriftstellers kennzeichnen die besten Passagen des Buches. Klischeehaft beschrieb London dagegen die Repräsentanten der Mittel- und Oberschicht. Beim Erscheinen des Romans reagierte die amerikanische Kritik mit Ablehnung. Die Sozialisten verstanden das Werk als eine Absage Londons an ihre Politik. Aber London verteidigte sich und behauptete, Eden scheitere, weil er sich gegen sozialistische Ideen ausspricht und für den grenzenlosen Individualismus eintritt. Tatsächlich macht der Schriftsteller Brissenden den jungen Autor Martin Eden darauf aufmerksam, daß der Sozialismus sein Leben erneuern werde. Aber Martin Eden rechtfertigt seine Philosophie, die er von Nietzsche herleitet, und er wendet sich gegen Brissendens Freunde, als er zu einem Treffen der Sozialisten eingeladen wird. Aber auch Brissenden erklärt den Sozialismus nur resignierend als unvermeidlich und verachtet die «Masse» und das «Volk». «Die Kritiker können kaum dafür getadelt

Probefahrt mit der «Snark»

Jack am Steuer der «Snark»

Farmer Jack London

werden», schreibt Philip Foner, «daß sie Londons Botschaft in *Martin Eden* nicht erkennen. Wahrscheinlich hat heute der Durchschnittsleser nicht den geringsten Gedanken daran, daß das Buch als Angriff auf den Individualismus gemeint war.»[121]

Sympathie und Identifikation mit den geistigen, politischen und sozialen Aufgaben der Arbeitervereinigungen wandelten sich bei Jack London mehr und mehr in Resignation und Verachtung sowohl den Ausbeutenden als auch den Ausgebeuteten gegenüber. Die Vorstellung, daß die «Schwachen», auf deren Seite er doch gekämpft hatte, einmal die Menschheit beherrschen würden, behagte ihm in den letzten Lebensjahren immer weniger. «Am Ende seines Lebens stand London zwischen den Klassen, aber nicht als Neutraler oder Vermittler, sondern als Nihilist. Er leugnete jede Möglichkeit eines gesellschaftlichen Fortschritts ...»[122] Ob London dem Sozialismus schließlich ebenso ablehnend gegenüberstand wie dem Kapitalismus – eine Behauptung des Literaturkritikers Heinrich Rentmeister – ist fraglich. Allerdings, London floh aus der Gegenwart. Er segelte nach Hawaii und Samoa, auf den Spuren seiner literarischen Vorbilder Stevenson und Melville. Auch nach seiner Rückkehr aus der Südsee beteiligte er sich kaum noch aktiv am politisch-gesellschaftlichen Leben. Er baute sich eine Farm auf und züchtete Tiere. Seine Tochter Joan London erklärt den Rückzug ihres Vaters aus enttäuschten Hoffnungen über den langsamen Verlauf des sozialistischen Prozesses: «Der Glaube an die Unvermeidlichkeit des Sozialismus als eines Prozesses, der unabhängig von Aktionen der Menschen verläuft, sowie die Unterschätzung der Geschwindigkeit, mit der der Kapitalismus zur Katastrophe trieb, waren für Jack London verhängnisvoll, nachdem er reich geworden war. Seine Neigung, sowohl die Rolle der Partei als auch die Bedeutung des Individuums herabzusetzen und auf diese Weise seine geringe Aktivität und seinen Rückzug aus der Praxis – wenn nicht gar aus der Bewegung überhaupt – vernunftgemäß zu erklären, war unglücklicherweise sehr ausgeprägt und wurde nur durch sein Verständnis für das wirkliche Wesen des Klassenkampfes eingeschränkt ... Für Jack London gab es nur eine Lösung: Rückzug. Und er zog sich auch zurück – elend und mitunter zynisch –, zurück von allem und jedem, der ihn an den Kampf erinnerte, an dem er nicht mehr teilnehmen wollte. Die Farm und sein Interesse für Landwirtschaft und die immer wieder aufgenommenen Pläne für eine Reise um die Welt, die Jahre dauern sollte, seine ziemlich langen Aufenthalte auf Hawaii, der zunehmende Alkoholkonsum, all diese Dinge waren Mittel der Flucht – der Flucht vor sich selbst, vor der Zusammenarbeit mit anderen Menschen, vor politischen Bewegungen, vor der Zivilisation, sogar vor dem Leben selbst.»[123]

Am Rande der Zivilisation, in den Schneewüsten Alaskas, fanden Jack Londons Hauptfiguren der frühen Erzählungen und Romane die Romantik des Pionierlebens wieder. Je stärker London den «Kampf ums Dasein» in die Menschenwelt hineintrug, um so stärker mußte er die «Wildnis», die Verwandtschaft des Menschen mit dem Tier, menschliche Triebkräfte und Barbarei, bloßlegen. Es blieb nur ein Ausweg: die Zivilisation wurde als reinigende Sphäre, als möglicher Bereich der Moral und Sittlichkeit, entdeckt. Im Verlauf seiner Entwicklung ging London jedoch immer mehr dazu über, die humane und moralische Ebene des menschlichen Bewußtseins zu bezweifeln. In der Zivilisation würden sich die Menschen berauben. Sie würden ihrer Natur folgen. Deterministische Anschauungen setzten sich in Londons Weltbetrachtung durch. Ebenso wie der einzelne Mensch würde auch das gesamte Menschengeschlecht von biologischen Kräften beherrscht sein. *Die Geschichte der Zivilisation ist eine Geschichte der Wanderungen, mit dem Schwert in der Hand auf der Suche nach Nahrung. In dem Nebel der jungen Welt blitzen flüchtige Bilder von Rassen auf, die emporsteigen, töten, Nahrung finden,*

Die Londons in Honolulu

primitive Zivilisationen errichten, verfallen, unter den Schwerthieben
kräftiger Arme dahinsinken und gänzlich verschwinden. Wie jedes andere Tier, so zog der Mensch über die Erde und suchte, was er verzeh-
ren konnte, und nicht Romantik und Abenteuerlust, sondern der Hunger drängte ihn zu seinen gewaltigen Abenteuern.¹²⁴

Was blieb für London anderes übrig, als sich mit der feindlich und
bedrohlich verstandenen Natur wieder zu versöhnen, sie als Garten-
und Ackerland zu bebauen und damit der städtischen und industriellen
Zivilisation zu entgehen? Die Hoffnungen Londons in den letzten Lebensjahren erinnern teilweise an die Sozialutopien des Amerikaners

Owen. Wie Owen wollte London eine ländliche Kommune bilden. Er beschäftigte auf seiner Farm zeitweise mehr als einhundert Arbeiter und träumte davon, diese auf seinem Gebiet anzusiedeln. Die «Nachbarschaftsethik» der amerikanischen Pionierzeit und die Struktur einer agrarisch orientierten Glücksphilosophie Jeffersons vererbten sich bis zu Owen ins Jahr 1832 und bis zu London in das 20. Jahrhundert hinein. Die Idee hieß jeweils: «Kommen die Verhältnisse in Ordnung, so kommt auch der Mensch in Ordnung, er wird heiter und gut. Diese seine Heilung soll also in kleinen föderierten Gemeinschaften am besten bewerkstelligt werden, ohne Arbeitsteilung, ohne Trennung von Stadt- und Landwirtschaft, ohne Bürokratie.»[125] In seinem Roman *The Valley of the Moon (Das Mondtal)* berichtete London von dem Glück eines Arbeiterehepaares, das die Klassenkämpfe und Streiks der Großstadt verläßt und sich in ländlicher Umwelt ansiedelt. Auch der 1910 erschienene Roman *Burning Daylight (Lockruf des Goldes)* führt die vitale und kämpferische Hauptfigur in ländliche Harmonie und ins Eheparadies: *Sie erhoben sich beide von der Bank, und Daylight nahm den Milcheimer von seinem Nagel neben der Tür. Dann blieben sie einen Augenblick stehen, um noch einmal über das Tal zu schauen.*[126]

Jack London begann sich selbst und auch seine Leser zu täuschen und zu belügen. Die Landwirtschaft in den USA war kein Paradies. Ebenso wie die Arbeiter kämpften die Farmer gegen Trusts und mußten sich gegen rücksichtslose Praktiken der Eisenbahngesellschaften zur Wehr setzen. Es gab Rebellionen der Agrarbevölkerung gegen die ihr von den Eisenbahngesellschaften, den Industriellen und den Bankiers aufgezwungenen harten Lebensbedingungen. Auch hier löste das Bündnis der Großunternehmer mit der Regierung eine politische Opposition aus, in der Farmer, Arbeiter und Liberale der Mittelschicht gemeinsam vorgingen. Doch London hatte sich vorgenommen, dies alles nicht mehr zu registrieren. Nach seiner mißglückten Südseereise, die er in dem Buch *The Cruise of the Snark (Die Fahrt der Snark)* festhielt, wollte er sich ganz der Landwirtschaft zuwenden. Bücher schrieb er jetzt, um Geld für den Ankauf neuer Äcker und Tiere sowie landwirtschaftlicher Geräte zu beschaffen. Er, der sieben Jahre mit seiner Frau Charmian um die Welt hatte segeln wollen, war von einer Krankheit in Sydney festgehalten worden. 25 Monate dauerte die Reise. Dann kehrte er nach Kalifornien zurück, um zu gesunden. Er erholte sich schnell und publizierte rasch Romane wie *Adventure (Die Insel Berande)* über das Leben auf einer Kopra-Plantage der Salomon-Inseln, Sammelbände mit Südseegeschichten wie *When God Laughs (Nur Fleisch)*, *South Sea Tales (Südseegeschichten)*, aber auch ein Theaterstück *Theft* und den Essayband *Revolution*. In den Romanen und Erzählungen, die eine unmittelbare Reaktion auf die Südseereise bildeten, zeigte London einmal wieder den Glauben an die Überlegenheit der Weißen. Kolonialismus und Fragen

Sinclair Lewis

nach Amerikas Wirtschaftsexpansion berührte er nicht. Die Erzählungen sollten ihm das Geld bringen, um seinen Verpflichtungen nachkommen zu können, denn seine Kinder und ehemalige Frau wollten versorgt werden, ebenso seine Mutter, insbesondere verschlangen aber die Farm und die Expansion der Landwirtschaft große Summen. London kaufte jetzt, da er in seinem Erfindungsgeist der Massenproduktion an Literatur nicht mehr gewachsen war, Ideen für Romane und Erzählungen auf. Der spätere Nobelpreisträger Sinclair Lewis lieferte als junger Autor Entwürfe an Jack London. Der Roman *The Abysmal Brute (Die Bestie des Abgrunds)*, 1913 publiziert, gehörte zu Lewis' Vorschlägen. Lewis, noch unbekannt, war 25 Jahre alt, London, berühmt, zählte 34 Jahre, als die Schriftsteller ihre Zusammenarbeit begannen. Die Handlung, die Lewis skizzierte, stammte aus der Boxerwelt. Bereits 1905 hatte London einen Roman *The Game* um einen Preisboxer geschrieben. Jetzt

wurde der Boxer zu einem Mann, der gegen Bestechung und Korruption revoltiert. Lewis lieferte aber auch zu Erzählungen und zu dem unvollendeten Roman *The Assassination Bureau (Das Mordbüro)* Entwürfe. Der Roman um eine Institution in New York, die moralisch minderwertige Geschäftemacher, korrupte Betrüger, Verräter und skrupellose Händler mordet, wurde erst nach Londons Tod von Robert L. Fish vollendet und 1963 veröffentlicht. In die Zeit der Kooperation zwischen London und Lewis fielen Vorwürfe gegen London, er habe frühere Romane abgeschrieben, nicht selbst erfunden, er sei ein Plagiator. So sollten *The Call of the Wild (Wenn die Natur ruft)* und *The Iron Heel (Die eiserne Ferse)*, aber auch der Roman *Before Adam (Vor Adam)*, 1905 publiziert, der Traum eines Jungen zurück in prähistorische Zeiten, das geistige Eigentum anderer Autoren verletzt haben. London konnte sich nur mit Mühe gegen die Vorwürfe verteidigen, aber das, was als Skandal begann, geriet bald in Vergessenheit.

Daß London sein Interesse an sozialen Fragen nicht gänzlich verloren hatte, beweisen Erzählungen wie *The Strength of the Strong*, 1910 in «Hampton's Magazine» publiziert, eine parabelartige, in die historische Vorzeit versetzte Geschichte um die Entwicklung des Kapitalismus. Auch in den Romanen *Burning Daylight (Lockruf des Goldes)*, *The Valley of the Moon (Das Mondtal)* und *The Star Rover (Die Zwangsjacke)* werden Zeitfragen behandelt, die Wirtschaftspraxis und das Leben in der Arbeitswelt beobachtet. Aber unrealistische Handlungsabläufe, unglaubhafte Charaktere und, wie besonders die Romane *The Mutiny of the Elsinore (Die Meuterei auf der «Elsinore»)* und *The Little Lady of the Big House (Die kleine Herrin des großen Hauses)* demonstrieren: die Verachtung des Massenmenschen sowie rassische Vorurteile verwässerten Londons literarisches Werk. «In der ‹Minderwertigkeit› der ‹Masse› glaubte er die Rechtfertigung für seinen Rückzug aus dem politischen Kampf gefunden zu haben.»[127]

Der Niedergang in Londons literarischem Werk läßt sich mit dem Rückzug aus der sozialistischen Bewegung identifizieren, behauptet Philip Foner.[128] London züchtete Pferde, legte eine Eukalyptus-Plantage an, versuchte Land fruchtbar zu machen, er baute eine Modellfarm auf, in der die neuesten naturwissenschaftlichen Erkenntnisse beachtet wurden, er plante eine utopische Kolonie für Arbeiter. Aber Mißgeschick um Mißgeschick traf den Autor. Am 18. August 1913 brannte sein groß geplantes «Wolfshaus» ab, nachdem es gerade fertiggestellt worden war. 70 000 Dollar hatte London investiert. Nur die äußeren Mauern des Hauses blieben bestehen. London traf der Vorfall um so mehr, da festgestellt wurde, daß ein Brandstifter das burgartige Haus angezündet hatte. Aber auch die Pläne des Großbauern London erwiesen sich als Fehlschläge. «Obwohl er sich beim Bau des Schweinestalls von der landwirtschaftlichen Abteilung der kalifornischen Universität hatte beraten lassen, bekamen sämtliche Schweine auf dem Steinboden Lungenentzündung und gingen ein. Sein preisgekrönter Kurzhornbulle, der Stammvater seiner Zucht, glitt aus, verfing sich beim Sturz mit einem Horn in der Erde und brach das Genick. Die Herde seiner Angoraziegen wurde von einer Seuche weggerafft. Der Shire-Hengst, der ihm mehrere blaue Bänder gewonnen hatte und den er liebte wie einen Menschen, wurde tot auf der Weide gefunden. Die ganze Kapitalanlage in Shire-Pferden erwies sich übrigens als verfehlt, denn die lange Beinbehaarung bei dieser Rasse macht es unmöglich, die Pferde sauber und in den regenreichen Wintermonaten arbeitsfähig zu halten. Mit seinen schweren Zugpferden hatte er sich ebenfalls verkalkuliert ... Seine hundertvierzigtausend Eukalyptusbäume schließlich, die, wie er gerechnet hatte, kostenlos wachsen und ihm nach zwanzig Jahren ein Vermögen bringen würden, verwandelten sich über Nacht in gewöhnliches Brennholz, denn das Interesse an kaukasischem Nußbaum war völlig geschwunden.»[129]

Der Entwurf der Architekten zum «Wolfshaus»
Die Ruinen des «Wolfshauses»

London war ein gebrochener Mann. Überdies entwickelte sich seine Ehe mit Charmian Kittredge schlecht. Charmian wurde Mutter eines Kindes, das nach drei Tagen starb. Erschrocken registrierte London, daß dieses Kind wiederum eine Tochter geworden wäre. Das Vertrauen der Ehepartner zueinander schwand. London traf seine Frau nachts mit einem jüngeren Mann an. London selbst ließ sich mit anderen Frauen ein. Er suchte wieder Verbindung zu seiner früheren Frau aufzunehmen, Kontakt mit seinen Kindern zu entwickeln, aber Bessie London bestand auf Distanz. Er fühlte sich einsam, von seiner Umwelt mißverstanden und verlassen. Er verfiel dem Trunk. Mehrfach in seinem Leben hatte er sich dem Alkohol, dem *König Alkohol*, ergeben. 1913 hatte er unter dem Titel *John Barleycorn (König Alkohol)* sein Leben als den Kampf mit der *Weißen Logik*, mit dem Alkoholrausch, beschrieben. Jetzt überließ er sich mehr und mehr dem Trunk. Die häufiger auftretenden Depressionen bekämpfte er mit Alkoholexzessen.

Im Oktober 1913 publizierte die Zeitschrift «International Socialist Review» einen Artikel «The Good Soldier» unter dem Namen Jack Londons. Der Artikel rief dazu auf, daß sich junge Männer nicht zum Militärdienst melden sollten. «Haltet die Jungens von der Armee weg. Sie ist die Hölle. Nieder mit der Armee und der Marine. Wir brauchen keine Mordinstitutionen. Wir brauchen Lebensinstitutionen»[130], hieß es in dem Aufsatz, der bald von der I. W. W., der Organisation International Workers of the World, vertrieben wurde. Ob London den Artikel geschrieben hat oder nicht, läßt sich nicht feststellen. Auf jeden Fall widerrief er die Autorenschaft, als heftige Angriffe gegen ihn geführt wurden. Und bald zeigte er auch, daß er seine früheren pazifistischen Überzeugungen abgelegt hatte. Er akzeptierte die amerikanische Intervention in Mexiko, dessen Revolution er einige Jahre vorher begrüßt hatte. Er berichtete sogar für amerikanische Zeitungen aus Mexiko und schrieb entgegen den sozialistischen Blättern von einer *Wohltat*, die Amerika den Mexikanern bereite. Als kranker Mann kehrte London aus Mexiko zurück, verwirrt, ohne Orientierung. *Ich habe alles satt,* gestand London in einem Interview, *ich denke nicht mehr an die Welt oder die soziale Bewegung oder an Schriftstellerei als Kunst. Ich bin ein großer Träumer, aber ich träume von meiner Ranch, von meiner Frau. Ich träume von schönen Pferden und fruchtbarer Erde in Sonoma County. Und ich schreibe für keinen anderen Zweck, als der Schönheit, die mir gehört, etwas hinzuzufügen. Ich schreibe Bücher zu keinem anderen Zweck als drei- oder vierhundert Morgen meinem großen Landbesitz zusätzlich einzuverleiben ... Mein Vieh interessiert mich mehr als mein Beruf ... Ich glaube, daß ich meine Rolle gespielt habe. Der Sozialismus hat mich einige Hunderttausend Dollar gekostet. Wenn die Zeit da ist, bleib ich auf meiner Ranch in Glen Ellen und lasse die Revolution zum Teufel gehen. Ich habe meinen Teil gegeben.*[131]

London schrieb nur noch für Geld. In seinen letzten Lebensjahren soll er neben Romanen und Zeitungsartikeln auch noch Manuskripte für Filme entworfen haben, für Spiel- und auch für Dokumentarfilme.[132] Die Anthologie «The Cry for Justice» von Upton Sinclair versah er mit einem Vorwort. Dann, im Januar 1916, sandte er von seinem Ferienort Honolulu gemeinsam mit seiner Frau Charmian seine Austrittserklärung an die «Socialist Party». Es gab einen erbitterten Briefwechsel zwischen London und seinen früheren Parteifreunden. London, der dem konservativen Teil der Sozialisten stets zu große Kompromißbereitschaft vorgeworfen hatte, befand sich mit diesem Parteiflügel nun in Übereinstimmung, denn er begrüßte alle Handlungen, die Amerikas Kriegseintritt an der Seite der Alliierten beschleunigten. Nicht länger erschienen ihm Kriege als Aktivitäten des Kapitals, die sich gegen die Interessen der Bevölkerungsmehrheit richteten. Insbesondere hielt er es für notwendig, Deutschland zu besiegen. Unter den amerikanischen Sozialisten erzeugte die Frage nach dem Kriegsbeitritt eine tiefe Spaltung.

Das Arbeitszimmer in Glen Ellen. Auf dem Tisch das Diktiergerät

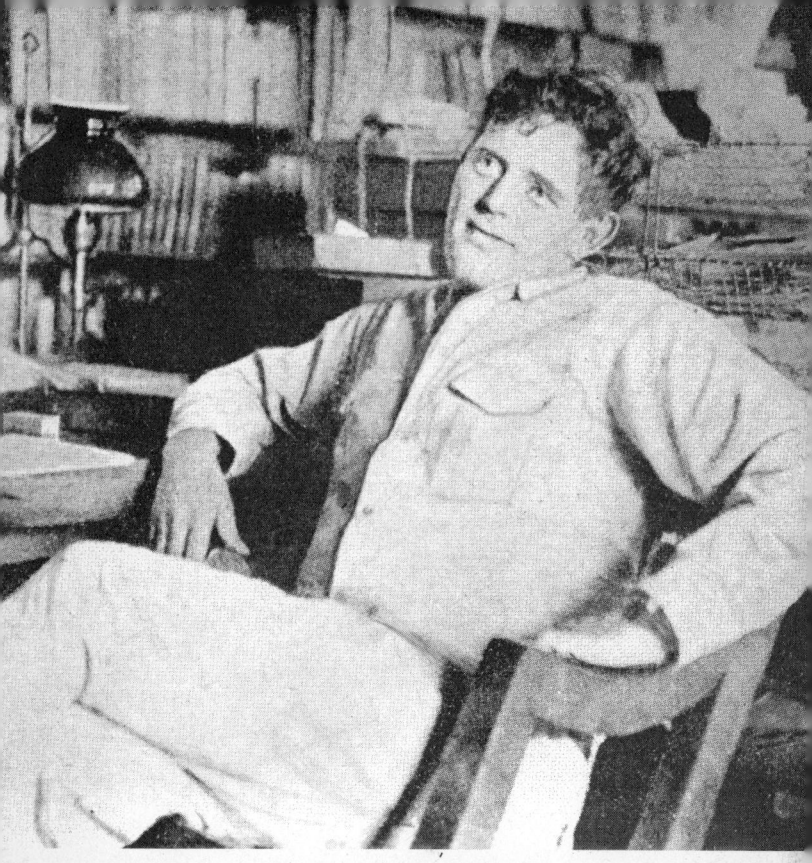

Jack London in seinem Arbeitszimmer

Viele Führer wurden, weil sie sich gegen den Krieg aussprachen, inhaftiert. Der frühere Antimilitarist Jack London begann Sozialisten, die sich gegen eine US-Intervention äußerten, zu verachten und zu verteufeln. London glaubte einmal wieder, daß die Überlegenheit der angelsächsischen Rasse bewiesen werden müsse.

Am 22. November 1916 starb der Hedonist, der Narziß, der Spieler und Träumer, der widersprüchliche Sozialist, der Schriftsteller, dessen Bücher in Ost und West gleichermaßen gelesen werden. Dreizehn Millionen Exemplare publizierten allein sowjetische Verlage, nachdem Lenin sich mit Skepsis und Freude Londons Erzählungen hatte vorlesen lassen. Immer wieder erscheinen Ausgaben der Einzelwerke in den verschiedensten Sprachen in aller Welt. Der Autodidakt und militante Optimist spiegelt ein Zeitalter wider, ein Zeitalter, das Freiheit und Unabhängigkeit versprach, zugleich aber seine Abhängigkeit von Natur- und Wirtschaftsgeschichte begriff. London wußte schließlich sein eigenes Dasein und das seiner Umwelt nicht mehr zu erklären. Er beging Selbstmord. Zwei leere Phiolen mit den Aufschriften Morphiumsulfat und Atropinsulfat fanden sich auf dem Fußboden neben seinem Bett.

Jack London.

ANMERKUNGEN

Zitate aus Werken, deren Titel in englischer Sprache angegeben wird, übersetzte der Verfasser.

1 Richard O'Connor: «Jack London. A Biography». Boston–Toronto 1964. S. 401 – Eine gute Einführung in die Sekundärliteratur über Jack London gibt Heinz Rentmeister: «Das Weltbild Jack Londons». Halle (Saale) 1960. S. 7–29

2 Vgl. Franz Jung: «Jack London». In: *Was mir das Leben bedeutet*. Berlin 1974. S. 19. Jung schreibt: «Ja London ist ein Name, auf den ein Geschäft gegründet ist ...»

3 Upton Sinclair: «Die goldene Kette». Berlin 1928. S. 400

4 Ebd.

5 Ebd., S. 401

6 Jung, a. a. O., S. 31

7 Zit. n. Philip S. Foner: «Jack London. American Rebel». In: «Jack London. American Rebel». Hg. von Philip S. Foner. New York 1964. S. 104

8 *König Alkohol*. München 1973. S. 98 f

9 Joan London: «Jack London and His Times». New York 1939. S. 381

10 Zit. n. Jeremy Brecher: «Streiks und Arbeiterrevolten. Amerikanische Arbeiterbewegung 1877 bis 1970». Frankfurt a. M. 1975. S. 261

11 Zit. n. Foner, a. a. O., S. 7

12 John O. McCormick: «Der moderne amerikanische Roman». Göttingen 1960. S. 34

13 Fritz J. Raddatz: «Vorwort». In: «Marxismus und Literatur» Bd. I. Hg. von Fritz J. Raddatz. Reinbek 1969 (RP. 80). S. 23 f

14 *What Life Means to Me*. In: Foner, a. a. O., S. 399 – Es darf nicht vergessen werden, daß diese Aussage Londons nur zeitweilig für ihn Gültigkeit hatte. In den Jahren, in denen er immer mehr Abstand von der Arbeiterklasse nahm und sich durch das private Glücks- und Erfolgsstreben aus der sozialistischen Bewegung entfernte, in jenen Jahren schien er sein Solidaritätsgefühl durch das Gefühl der Zugehörigkeit zu einer imaginären angelsächsischen Rassengemeinschaft zu kompensieren. «In der Ausbreitung der weißen Rasse», schreibt Heinz Rentmeister (a. a. O., S. 163), «und der Weltherrschaft der Angelsachsen konnte er eine machtvolle Bewegung sehen, die seinen Stolz und seine Phantasie befriedigte, eine Bewegung, deren Ziele, im Gegensatz zu seinen sozialistischen Prinzipien, ohne Risiko, ohne Schwierigkeiten und ohne eigene Aktivität mit seinem Weltbild und seinen vorgefaßten Ansichten über das Weltgeschehen zu vereinen waren.»

15 Zit. n. O'Connor, a. a. O., S. 19

16 Ebd., S. 33

17 *The Apostate*. In: Foner, a. a. O., S. 234

18 Ebd., S. 232

19 Irving Stone: «Zur See und im Sattel». Berlin 1948. S. 36 – Stones Biographie ist nicht immer verläßlich. So bezieht er Londons sozialistische Intentionen immer wieder auf die irische Herkunft des Vaters, William Chaney. Iren gelten in den USA als aufsässig und querköpfig – ebenso

Sozialisten. Abgesehen von diesen Vorurteilen: die neuere Forschung hat bewiesen, daß Chaney nicht aus einer irischen Familie stammte.

20 Zit. n. O'Connor, a. a. O., S. 45
21 Harold Underwood Faulkner: «Der Weg zur Weltmacht. Geschichte der politischen und sozialen Entwicklung der Vereinigten Staaten von Amerika». Wiesbaden 1950. S. 338
22 *Abenteurer des Schienenstrangs*. München 1973. S. 25 f
23 *How I Became a Socialist*. In: Foner, a. a. O., S. 362
24 Ebd., S. 364
25 Ebd., S. 365
26 Zit. n. Foner, a. a. O., S. 48
27 *Das Mondtal*. Berlin o. J. S. 91 f – Über Streiks in den USA äußerte sich London auch in den Essays *Something Rotten in Idaho* (Chicago Daily Socialist, 4. Nov. 1906), *The Dream of Debs* (International Socialist Review, Jan.–Febr. 1909) und *Strike Methods: American and Australian* (Sydney Star, Jan. 1909).
28 Charles A. Beard: «Eine ökonomische Interpretation der amerikanischen Verfassung». Frankfurt a. M. 1974. S. 382
29 Vgl. Johann Baptist Müller: «Einleitung». In: Beard, a. a. O., S. 32
30 *Martin Eden I*. Berlin 1927. S. 85 f
31 *Was mir das Leben bedeutet*, a. a. O., S. 75
32 *Die Männer von Forty Mile*. In: *Der Sohn des Wolfs*. Berlin 1955. S. 61 f
33 Vgl. Rudolf Haas: «Amerikanische Literaturgeschichte 1». Heidelberg 1972. S. 189
34 Zit. n. Foner, a. a. O., S. 29
35 *Der Sohn des Wolfs*, a. a. O., S. 50
36 Ebd., S. 53
37 Zit. n. Foner, a. a. O., S. 37
38 Stone, a. a. O., S. 97
39 *Das weiße Schweigen*. In: *Der Sohn des Wolfs*, a. a. O., S. 12
40 *Wolfsblut*. München 1967. S. 98
41 Ebd., S. 108
42 Ebd., S. 115 f
43 Ebd., S. 6
44 Ebd., S. 76 f
45 Ebd., S. 125 – Jack London übersieht jedoch nicht den zerstörerischen Eingriff des Weißen in die indianische Kultur durch Krankheiten, Religion, Waffen und Alkohol. In Erzählungen wie *The Death of Ligoun* und *The League of the Old Men* wird Mitgefühl mit den Indianern deutlich. Auch Frona Welse erkennt in dem Roman *An der weißen Grenze*, daß sich die Zivilisation wie ein Brand fortfrißt. Dennoch begreift London den Einbruch der Zivilisation in das Leben der Indianer und in die unberührte Natur wie ein unausweichliches Schicksal, letztlich unerklärlich und unaufhaltsam.
46 Ebd., S. 39 f
47 Zit. n. Johannes Hemleben: «Charles Darwin». Reinbek 1968 (= rowohlts monographien. 137). S. 112
48 Ebd., S. 116
49 Zit. n. Kurt Schilling: «Geschichte der Philosophie». Zweiter Band. Mün-

chen 1944. S. 491 f – Über den Einfluß der Evolutionstheorien und insbesondere Spencers schreibt Heinz Rentmeister (a. a. O., S. 163 f): «Dadurch, daß Jack London nicht imstande war, Naturgesetze und Gesetze der gesellschaftlichen Entwicklung auseinanderzuhalten und die Erscheinungen in der Natur und in der Gesellschaft in ihren Ursachen zu erkennen, mußte sein Versuch, die ökonomischen, sozialen und politischen Probleme seiner Zeit zu beurteilen und zu deuten, notwendigerweise scheitern. Es bedarf, im Gegenteil, kaum eines Beweises, daß sein literarisches Schaffen mit dazu beitrug, die wirklichen und wesentlichen Zusammenhänge in der imperialistischen Gesellschaft zu verschleiern und somit auch der Unterdrückung und Ausbeutung der eingeborenen Völker und Nationen Vorschub zu leisten.» Rentmeister wirft London vor, daß er nicht vom «Standpunkt des historischen Materialismus» her urteilte. Dadurch verliert Rentmeister mehrfach jenen London aus den Augen, der in seinen Widersprüchen eine ganze Epoche repräsentiert, jenen London auch, der durchaus die wirtschaftlichen und gesellschaftlichen Veränderungen seiner Zeit sah.

50 *Wolfsblut*, a. a. O., S. 108
51 Ebd.
52 Zit. n. Foner, a. a. O., S. 32 f
53 Stone, a. a. O., S. 114 f
54 *Das weiße Schweigen*, a. a. O., S. 20 f
55 «Literaturgeschichte der Vereinigten Staaten». Hg. von R. Spiller, W. Thorp, J. Johnson und H. S. Canby. Mainz 1959. S. 1030 f
56 *Die Weisheit der Reise.* In: *Der Sohn des Wolfs*, a. a. O., S. 151
57 *Auf der Rast.* In: *Der Sohn des Wolfs*, a. a. O., S. 111 f
58 *In fernem Land.* In: *Der Sohn des Wolfs*, a. a. O., S. 87
59 *Der Sohn des Wolfs*, a. a. O., S. 48
60 Ebd., S. 27
61 *Das weiße Schweigen*, a. a. O., S. 9
62 *Das Weib eines Königs.* In: *Der Sohn des Wolfs*, a. a. O., S. 176 f
63 Ebd., S. 181
64 Vgl. Charmian London: «Jack London. Sein Leben und Werk». Berlin 1929. S. 126 f
65 Sinclair, a. a. O., S. 396 f
66 Ebd., S. 396
67 Zit. n. Foner, a. a. O., S. 40 – vgl. auch Stone, a. a. O., S. 126
68 Zit. n. Stone, a. a. O., S. 151
69 Vgl. Charmian London, a. a. O., S. 140
70 Ebd.
71 Ebd.
72 Ebd., S. 141 f
73 Ebd., S. 141
74 Zit. n. Stone, a. a. O., S. 127
75 Vgl. Charmian London, a. a. O., S. 139
76 Ebd., S. 147
77 Ebd., S. 133
78 Stone, a. a. O., S. 152
79 Zit. n. Stone, a. a. O., S. 155
80 *Die Lieblinge des Midas.* In: *Was mir das Leben bedeutet*, a. a. O., S. 112

81 Ebd., S. 124
82 Stone, a. a. O., S. 156
83 *Die Lieblinge des Midas*, a. a. O., S. 113
84 *Menschen des Abgrunds*. Berlin 1974. S. 7
85 Ebd.
86 Zit. n. Foner, a. a. O., S. 49
87 *Menschen des Abgrunds*, a. a. O., S. 34
88 Ebd., S. 36
89 Ebd., S. 38
90 Ebd., S. 173 f
91 Ebd., S. 120
92 Ebd., S. 254 f
93 Ebd., S. 254
94 *Wenn die Natur ruft*. Hannover o. J. S. 25
95 Ebd., S. 37
96 Ebd., S. 54
97 Ebd., S. 132
98 Leo Trotzkij: «Literatur und Revolution». München 1972. S. 246
99 Vgl. Haas, a. a. O., S. 124 f
100 *Wolfsblut*, a. a. O., S. 191
101 Zit. n. Stone, a. a. O., S. 165
102 *Der Seewolf*. Berlin 1961. S. 66
103 Ebd., S. 76
104 «Literaturgeschichte der Vereinigten Staaten», a. a. O., S. 1051
105 Zit. n. Stone, a. a. O., S. 208
106 Zit. n. Foner, a. a. O., S. 63
107 Foner, a. a. O., S. 63 f
108 *The War of the Classes*. New York 1905. S. XVI
109 Zit. n. Foner, a. a. O., S. 72
110 Ebd., S. 78 – Zu der Zeit galt ein Lohn von 2 Dollar pro Woche als Grenze zum Verhungern.
111 *Revolution*. In: Foner, a. a. O., S. 503 – Über die Situation revolutionärer Hoffnungen schreibt Heinz Rentmeister (a. a. O., S. 125 f): «Zweifellos hat die Vision der Weltrevolution, das Bild des sich erhebenden Proletariats, das seine Ketten zerreißt und sich in brüderlicher Einmütigkeit der herrschenden Klasse zum Kampf stellt, eine lange Zeit die politische Phantasie und Aktivität der Sozialisten vor dem ersten Weltkrieg beflügelt. Aber ebenso sicher hat sie auch die gegenteilige Wirkung gehabt, wenn die politische Entwicklung stagnierte, wenn die erhofften Erfolge ausblieben und wenn Sozialisten wie Jack London in Ungeduld und romantischer Verblendung an ihrer Lieblingsvorstellung festhielten, ohne ihren utopischen Charakter zu erkennen und einzusehen, daß revolutionäre Erfolge neben den subjektiven Faktoren Geduld, Hartnäckigkeit und Zuversicht auch den objektiven Faktor der revolutionären Situation voraussetzen . . . Je mehr Jack London erkannte, daß die Sozialisten in absehbarer Zeit nicht imstande sein würden, durch einen Wahlsieg oder etwa gar in einer darauffolgenden bewaffneten Auseinandersetzung mit der herrschenden Klasse zum Sozialismus zu gelangen, desto mehr verlor er sich in abstrakten utopischen Vorstellungen und in einem passiven sektie-

rerischen Radikalismus.»

112 *Die eiserne Ferse.* München 1973. S. 9

113 Ebd., S. 295

114 Zit. n. Foner, a. a. O.

115 Rolf Recknagel: «Nachwort». In: *Die eiserne Ferse,* a. a. O., S. 347 – Vgl.
auch Rolf Recknagel: «Jack London. Leben und Werk eines Rebellen». Berlin 1975. S. 191 f. Ernest Everhard wird von Recknagel als «intellektueller
Revolutionär» beschrieben, der wie Bakunin seine Hoffnungen auf das
«Lumpenproletariat» setzt. «Bakunin vertrat die Ansicht», schreibt Recknagel, «daß das ‹Volk des Abgrunds› in einem spontanen Aufbruch die
herrschende Ordnung des Kapitals zerschlagen würde. Was nach der Ent-
machtung der Kapitalistenklasse kommen soll, sagt keiner der Anarchisten ... In dem Roman ‹die eiserne Ferse› fehlt das revolutionäre Proletariat, das bei den einleitenden Disputen noch theoretisch in Aktion trat.
Nachdem der konspirative Krieg zwischen der Elite von Oligarchen und
der Avantgarde der Sozialisten ausgebrochen ist, zerfällt bei Jack London
das Proletariat in die kapitalistenhörige Arbeiteraristokratie und die kapi-
talistenfeindlichen Sozialisten. Die Bewohner des ‹Abgrunds›, hier in der
Funktion der Massen, werden von den einander feindlichen Gruppen der
Oligarchen und der Sozialisten zu nutzen versucht. Diese konstruierte Situation entspricht den spekulativen Vorstellungen der Anarchisten und
schälte sich im Verlauf der phantastischen Handlungsführung des Autors
heraus. Während es Jack London gelang, bei den szenischen Auseinandersetzungen im ersten Teil des Romanwerkes die Ideen des wissenschaftlichen Kommunismus darzulegen, drängen sich dem Autor mit den politischen Kämpfen assoziative Bilder auf, die vom ‹Schlund› in San Francisco
nach East End von London führen und die Slumbewohner als ‹revolutionäre Kraft› in Bewegung setzen.»

116 *Die eiserne Ferse,* a. a. O., S. 52

117 Ebd., S. 176 f

118 Zit. n. Foner, a. a. O., S. 96

119 *Martin Eden II,* a. a. O., S. 245 f

120 Ebd., S. 269

121 Foner, a. a. O., S. 104

122 Heinrich Rentmeister: «Jack London. Ein Einzelgänger wider Willen». Halle (Saale) 1962. S. 77

123 Joan London, a. a. O., S. 330 f

124 *The Human Drift.* London 1918. S. 7

125 Ernst Bloch: «Freiheit und Ordnung. Abriß der Sozialutopien». Reinbek
1969 (= rde. 318/319). S. 106

126 *Lockruf des Goldes.* Frankfurt a. M. 1963. S. 268 f

127 Heinrich Rentmeister, a. a. O., S, 79

128 Foner, a. a. O., S. 111 – Heinz Rentmeister (a. a. O., S. 245) variiert diese
Erklärung: «Der verzweifelte, alle sittlichen und politischen Hemmungen
lösende Drang, sich aus dem sozialen Abgrund zu erheben, wurde im Laufe
der geistigen und politischen Entwicklung Jack Londons die entscheidende
Determinante seiner Weltanschauung und seiner literarischen und sozialen
Karriere. Dadurch wurden aber nicht nur alle politischen und seelischen
Bindungen zu seiner Klasse, das heißt der Klasse, der er sich zurechnete

und zu der er sich viele Jahre bekannt hatte, sondern auch die Bande zur menschlichen Gemeinschaft schlechthin zerstört.

Zweifellos hatte Jack London in der individualistischen Philosophie ursprünglich vorwiegend die Rechtfertigung für die befreiende Entbindung seiner gesellschaftlichen und ökonomischen Kräfte aus den Fesseln der kapitalistischen Gesellschaftsordnung gesehen und dabei nicht erkannt oder erkennen wollen, daß es für ihn eine Unabhängigkeit seines privaten Wollens und Tuns nicht geben konnte. Aber die gleiche Philosophie, in der er die Berechtigung seiner gesellschaftlichen Ichbezogenheit erblickte, die Philosophie des sozialen Darwinismus, die ihn verleitete, sein Ich zur Gottheit zu erheben und Wertmaß aller Dinge zu machen, zerstörte auch sein Leben, sein Künstlertum und seine politischen Ideale.»

129 Stone, a. a. O., S. 321 f
130 Zit. n. Foner, a. a. O., S. 115
131 Ebd., S. 119
132 Vgl. Brief von Siegfried Bernfeld, Pathé-Film, an Dr. Kurt Kusenberg

ZEITTAFEL

1876 Jack London wird in San Francisco am 12. Januar geboren. Sein Vater ist der über fünfzigjährige William Henry Chaney, ein umherziehender Astrologe. Chaney streitet später die Vaterschaft ab. Die Mutter, Flora Wellman, heiratet am 7. September den Witwer John London. Ihrem Sohn wird der Name John Griffith London gegeben

1880 Die Familie London siedelt auf eine Farm nach Alameda, Kalifornien, um

1881 Einschulung

1886 Umzug nach Oakland

1887 Jack London arbeitet neben der Schule als Zeitungsjunge und nimmt Gelegenheitsjobs an

1890 Arbeit in einer Konservenfabrik

1891 Austernpirat

1893 Matrose auf der «Sophie Sutherland», einem Robbenfänger. Über seine Erfahrungen auf See schreibt London die Erzählung *Typhoon off the Coast of Japan (Taifun vor der japanischen Küste)* und gewinnt den 1. Preis in einem Wettbewerb der Zeitung «San Francisco Call». Im September nimmt London eine Lehrstelle als Elektrotechniker an. Er wird aber als Kohlenträger ausgenutzt

1894 Im Frühjahr schließt sich London «Kellys Armee» an, einer Gruppe von Arbeitern, die einen Protestmarsch nach Washington unternimmt. Der Marsch scheitert. London lebt als Tramp, wird verhaftet und kehrt nach Oakland zurück

1895 Eintritt ins Oaklander Gymnasium. Verbindungen zur «Socialist Labor Party»

1896 London besteht die Aufnahmeprüfung der Universität Berkeley. Er publiziert Aufsätze und Erzählungen und wird Mitglied der «Socialist Labor Party», von der er sich in Oakland als Bürgermeisterkandidat aufstellen läßt. Er erhält aber nur wenige Stimmen

1897 Jack London verläßt die Universität und will als Schriftsteller Geld verdienen. Er hat aber keinen Erfolg und nimmt eine Stellung in einer Wäscherei an. Am 12. März schifft er sich nach Alaska ein, um am Goldrun teilzunehmen

1898 London, ein erfolgloser Goldsucher, an Skorbut erkrankt, kehrt ohne Geld nach Oakland zurück. Er schreibt Kurzgeschichten und kann einige Arbeiten verkaufen, lebt aber im wesentlichen von Gelegenheitsjobs. Zudem muß er seine Familie ernähren

1899 Im Januar lehnt er eine sichere Stellung im Postdienst ab. Er will Schriftsteller werden. Die Zeitschrift «Atlantic Monthly» publiziert *An Odyssey to the North (Eine Odyssee des Nordens)*

1900 Veröffentlichung der Kurzgeschichtensammlung *A Son of the Wolf (Ein Sohn des Wolfs)*. – Heirat mit Elizabeth (Bessie) Maddern

1901 Geburt Joan Londons. – Kurzgeschichtensammlung *The God of His Fathers (Siwash)* wird publiziert. – London tritt in die neugegründete «Socialist Party» ein

1902 Publikation der Kurzgeschichtensammlung *Children of the Frost (In den Wäldern des Nordens)*, des Romans *A Daughter of the Snows (An der weißen Grenze)* und des Jugendbuchs *The Cruise of the Dazzler (Joe unter Piraten)*. Reise nach England und Aufenthalt im Londoner East End

1903 Der Roman *The Call of the Wild (Wenn die Natur ruft)*, die Reportage *The People of the Abyss (Menschen des Abgrunds)* und der gemeinsam mit Anna Strunsky geschriebene Briefwechsel *The Kempton-Wace Letters* erscheinen. – Geburt der zweiten Tochter. – Verbindung mit Charmian Kittredge

1904 Reise nach Japan. Korrespondent im Russisch-Japanischen Krieg. – Der Erzählungsband *The Faith of Men* und der Roman *The Sea-Wolf (Der Seewolf)* erscheinen

1905 London veröffentlicht den Roman *The Game*, den Erzählungsband *Tales of the Fish-Patrol (Geschichten von der Fischpatrouille* – auch u. d. T. *Austernpiraten)* und die Essaysammlung *The War of the Classes* (u. a. enthalten: *Wie ich Sozialist wurde, Der Tramp, Der Streikbrecher, Der Klassenkampf)*. London läßt sich als Bürgermeisterkandidat in Oakland aufstellen, erhält aber nur 981 Stimmen. Reisen und Reden für die Sozialisten. – Ehe mit Charmian Kittredge

1906 *Moon Face and Other Stories (Das Mondgesicht)*, *White Fang (Wolfsblut)*, *Scorn of Women* (Drama). Im Sommer 1906 beendet London den Roman *The Iron Heel (Die eiserne Ferse)*, der 1907 erschien. – Ansiedlung in Glen Ellen, Kalifornien.

1907 *Love of the Life and Other Stories (Liebe zum Leben)*, *Before Adam (Vor Adam)*, *The Road (Abenteurer des Schienenstrangs)*. – Gemeinsame Reise mit Charmian in die Südsee. Geplant ist eine Umseglung der Welt auf der «Snark»

1909 *Martin Eden* erscheint. London schrieb den Roman auf der Segelreise. Am 24. Juli muß er aus Krankheitsgründen nach Kalifornien zurückkehren. Die geplante Weltumseglung endete in Australien

1910 Publikation von Erzählungen unter dem Titel *Lost Face (Das verlorene Gesicht)*, des Essaysammelbandes *Revolution* (enthält u. a. *Revolution, Was mir das Leben bedeutet)*, des Dramas *Theft* und des Romans *Burning Daylight (Lockruf des Goldes)*. – Pläne für den Bau des «Wolfshauses» werden entworfen. London beschäftigt sich mit Landwirtschaft

1911 *When God Laughs and Other Stories (Nur Fleisch)*, *Adventure (Die Insel Berande)*, *The Cruise of the Snark (Die Fahrt der Snark)*, *South Sea Tales (Südseegeschichten)*

1912 *A Son of the Sun (Ein Sohn der Sonne)*, *The House of Pride*, *Smoke Bellew* Teil 1 und 2 *(Alaska Kid, Kid & Co.)*. Fahrt Londons und Charmians von Baltimore um Kap Hoorn bis nach Oakland auf dem Viermaster «Dirigo»

1913 *The Abyssmal Brute (Die Bestie des Abgrunds)*, *John Barleycorn (König Alkohol)*. – Blinddarmoperation im Juli. Im August brennt das «Wolfshaus» kurz vor der Fertigstellung ab

1914 *The Valley of the Moon (Das Mondtal)*, *The Mutiny of the Elsinore (Die Meuterei auf der «Elsinore»)*, *The Strenght of the Strong*, ein Erzählungsband, in dem die Erzählung *Debs Traum* enthalten ist

1915 Kriegskorrespondent in Mexiko. – Die Romane *The Scarlet Plague* und *The Star Rover (Die Zwangsjacke)*, auch *The Jacket* genannt, erscheinen

1916 *The Acorn Planter* (Drama), der Roman *The Little Lady of the Big House*

(Die kleine Herrin des großen Hauses) und der Erzählungsband *Turtles of Tasman* werden publiziert. – London reist mit seiner Frau nach Hawaii. Schriftlich erklärt er seinen Austritt aus der Sozialistischen Partei. Am 22. November 1916 begeht er auf seiner Ranch in Kalifornien Selbstmord

1917 Der Essayband *The Human Drift* wird veröffentlicht, ferner erscheinen die Romane *Jerry of the Islands (Jerry, der Insulaner)* und *Michael, Brother of Jerry (Michael, der Bruder Jerrys)*

1918 Publikation des Erzählungsbandes *The Red One (Der Rote)*

1919 *On the Makaloa Mat (Die glücklichen Inseln)*, Erzählungen

1920 *Hearts of Three*, Roman, *Dutch Courage and Other Stories*, Erzählungen

1963 *The Assassination Bureau (Das Mordbüro)* erscheint, ein Roman, der von Robert L. Fish im Stil Jack Londons vollendet wurde

ZEUGNISSE

AMBROSE BIERCE

Insgesamt ist es [*Der Seewolf*] ein wenig angenehmes Buch . . . Man kann nicht einschlafen, wenn man das Buch angefangen hat zu lesen. Großartig ist – eine der großartigsten Sachen – ist die Erfindung von Wolf Larsen. Wenn er nicht eine dauerhafte Bereicherung der Literatur ist, dann ist er aber eine dauerhafte Figur in der Erinnerung des Lesers. Man kann Wolf Larsen nicht vergessen . . . Die Liebesgeschichte in dem Buch, mit ihren absurden Vertuschungen und Unglaubwürdigkeiten, ist grauenhaft.

Brief an George Sterling

UPTON SINCLAIR

Jack hatte unendliches Mitleid. Er hat über das East End von London geweint wie Jesus über Jerusalem. Jahrelang verfolgte ihn die Erinnerung an jene verkümmerten und erniedrigten Menschen. Sein Buch *Menschen des Abgrunds,* das er über dieses Thema schrieb, wird von künftigen Generationen mit Entsetzen und Unglauben gelesen und als eine der mächtigsten Schöpfungen seiner Feder anerkannt werden. Seine lebendigen, tiefgefühlten sozialistischen Essays machen aus ihm eine der großen revolutionären Gestalten unserer Zeit.

«Mammonart»

LEO TROTZKI

Die Form des Romans [*Die eiserne Ferse*] ist nur ein Gerüst für soziale Analysen und Prognosen. Der Autor stellt die künstlerischen Mittel mit Absicht zurück. Er interessiert sich nicht so sehr für das persönliche Schicksal seiner Helden, sondern eher für das Schicksal der Menschheit . . . Das Buch überraschte mich in der Kühnheit und Unabhängigkeit seiner historischen Voraussagen.

N. K. KRUPSKAJA

Zwei Tage vor seinem Tode las ich ihm [Lenin] abends Jack Londons Erzählung *Liebe zum Leben* vor, die heute noch in seinem Zimmer auf dem Tisch liegt. Das ist eine sehr starke Erzählung . . . Iljitsch gefiel diese Erzählung ganz außerordentlich. Am nächsten Tage bat er, Londons Erzählungen weiterzulesen. Aber bei Jack London wechseln starke Sachen mit außerordentlich schwachen. Die nächste Erzählung, an die wir gerieten, war von ganz anderer Art ... Iljitsch fing an zu lachen und winkte ab.

«Das ist Lenin»

ANATOLE FRANCE

Jack London hat jenen besonderen Geist, der schaut, was der gewöhnlichen Herde verborgen bleibt, und darüber hinaus die Gabe, in die Zukunft zu blicken.

Vorwort zu «Die eiserne Ferse»

J. B. PRIESTLEY

London verfügte über einen ungewöhnlichen Ruf, der nicht mit den literarischen Verdiensten seiner Erzählkunst übereinstimmt.

«Literature and Western Man»

GEORGE ORWELL

Die eiserne Ferse ist kein gutes Buch. Insgesamt haben sich die Voraussagen des Buches nicht bestätigt. Seine Zeitabfolge und die geographischen Angaben sind lächerlich. London machte den Fehler vieler seiner Zeitgenossen, indem er annahm, daß die Revolution zuerst in den hochindustrialisierten Ländern ausbrechen würde. Aber in vielen Punkten hatte London richtig gesehen, wo alle anderen sich irrten. Und er hatte recht dank einer Charaktereigenschaft, die ihn auch zu einem guten Kurzgeschichtenschreiber machte und zu einem wenig verläßlichen Sozialisten.

Vorwort zu «Love of Life»

FRANZ JUNG

Es hat immerhin zwanzig Jahre gedauert, Jack London der Gefahr einer politischen Diffamierung zu entreißen, und zwar sowohl von links wie rechts. In diesen kritischen Jahren ist über das Schicksal Jack Londons entschieden worden. Der Autor war schon halb vergessen, Legende wie Person. Bis sich einige Jahre nach dem letzten Weltkrieg, so Ende der 40er und Anfang der 50er Jahre, eine neue Jack-London-Welle durchgesetzt hat, ein neuer Jack London geboren wurde. Das Schwergewicht liegt nicht mehr auf der zurechtgemachten Legende, die kaum mehr erwähnt wird ... Die Tragik im Leben jedes amerikanischen Schriftstellers, der sich entscheiden muß, für den Verleger zu schreiben oder für sich selbst, das ist auch die Tragik Jack Londons.

BIBLIOGRAPHIE

Die folgende Bibliographie ist eine Auswahl. An Werkausgaben werden lediglich amerikanische und deutsche Sammelausgaben verzeichnet. Auf eine Nennung von Erstdrucken bei Einzelveröffentlichungen sowie Zeitschriftenaufsätze wurde verzichtet.

1. Bibliographie

FONER, PHILIP S. (Hg.): Jack London. American Rebel. New York 1964. S. 557
–560

O'CONNOR, RICHARD: Jack London. A Biography. Boston–Toronto 1964. S. 411
–414

RENTMEISTER, HEINZ: Das Weltbild Jack Londons. Halle (Saale) 1960. S. 247–
256

WOODRIDGE, HENSLEY C., JOHN LONDON, GEORGE H. TEWENEY: Jack London. A
Bibliography. Georgetown, Cal. 1966

2. Werkausgaben

a) Amerikanische Sammelausgaben

The works of Jack London. 12 Bde. New York 1906 f
Jack London. Sonoma edition. New York 1919. 27 Bde.

b) Deutsche Sammelausgabe

Jack London. Werke. Berlin 1926–1932

3. Lebenszeugnisse

Letters from Jack London. Hg. von KING HENDRICKS und IRVING SHEPARD. New
York 1965
LONDON, CHARMIAN: The Book of Jack London. London 1921. 2 Bde.
LONDON, CHARMIAN: Jack London. Sein Leben und Werk. Berlin 1929
LONDON, JACK: Was mir das Leben bedeutet. Einleitung: Franz Jung. Berlin 1974

4. Gesamtdarstellungen, Biographien und Würdigungen

BAMFORD, GEORGIA LORING: The Mystery of Jack London. Oakland, Cal. 1913
FONER, PHILIP S.: Jack London. American Rebel. New York 1964
JUNG, FRANZ: Jack London: ein Dichter der Arbeiterklasse. Wien 1924
LONDON, CHARMIAN: The Book of Jack London. London 1921. 2 Bde.
LONDON, CHARMIAN: Jack London and Hawaii. London 1918
LONDON, CHARMIAN: The New Hawaii. London 1923
LONDON, CHARMIAN: A Woman among the Head Hunters. A Narrative of the

Voyage of the ‹Snark› in the years 1908–1909. London o. J.

LONDON, JOAN: Jack London and His Times. New York 1939

McDEVITT, WILLIAM: Jack London as Poet and as Platform Man. San Francisco 1947

O'CONNOR, RICHARD: Jack London. A Biography. Boston–Toronto 1964

PAYNE, EDWARD BIRON: The Soul of Jack London. London 1926

RECKNAGEL, ROLF: Jack London. Leben und Werk eines Rebellen. Berlin–Dortmund 1975

RENTMEISTER, HEINRICH: Jack London. Ein Einzelgänger wider Willen. Halle (Saale) 1962

RENTMEISTER, HEINZ: Das Weltbild Jack Londons. (Halle (Saale) 1960

STONE, IRVING: Jack London. Sailor on Horseback. Garden City, N. Y. 1947

STONE, IRVING: Zur See und im Sattel. Das Leben Jack Londons. Hamburg 1955 (= rororo. 160)

TROLLER, GEORG STEFAN: Der Abenteurer. Das kurze wilde Leben des Jack London. Gütersloh 1968

5. Untersuchungen

AMES, RUSSELL: Jack London: American Radical. In: Our Time 7, Juli 1948, S. 254–255

BAGGS, MAE LUCY: The Real Jack London in Hawaii. In: Overland Monthly 69, Mai 1917, S. 405–410

BAILY, MILLARD: Valley of the Moon Ranch. In: Overland Monthly 69, Mai 1917, S. 411–415

BASKETT, SAM S.: A Source of Iron Heel. In: American Literature 27. Mai 1955, S. 268–270

BASKETT, SAM S.: Jack London on the Oakland Waterfront. In: American Literature 27. Mai 1955, S. 363–371

BEHL, C. F. W.: Jack London. In: Die Gegenwart, Jg. 54, Januar 1925

BLAND, HENRY MEADE: Jack London. Traveler, Novelist and Social Reformer. In: The Craftsman 9. Februar 1906, S. 607–619

BROOKS, VAN WYCK: Frank Norris and Jack London. In: Confident Years, 1885 –1915. New York 1952. S. 217–237

COLBRON, GRACE ISABEL: Jack London. What He Was and What He Accomplished. In: Bookman 44, Januar 1917, S. 441–451

DARGAN, E. PRESTON: Jack London in Chancery. In: New Republic 10, 21. April 1917, S. 7 f

EAMES, NINETTA: Jack London. In: Overland Monthly, 25. Mai 1900, S. 417 –425

FRANCE, ANATOLE: Introduction to the «Iron Heel». In: Jack London, The Iron Heel. New York o. J.

FRIEDLAND, L. S.: Jack London as Titan. In: Dial 62, 25. Januar 1917, S. 49–51

GEISMAR, MAXWELL: Rebels and Ancestors: the American Novel. 1890–1915. Boston 1953. S. 139–216

GLANCY, DONALD R.: Socialist with a Valet: Jack London's ‹First, Last and Only› Lecture Tour. In: Quarterly Journal of Speech 99, Februar 1963, S. 30–39

GOLLOMB, JOSEPH: London Tells of Social Revolution. In: New York Call, 28. Januar 1912

GRATTAN, C. HARTLEY: Jack London. In: Bookman 68, Februar 1929, S. 667–671

HAUPT, MICHAEL: Michael, der Bruder Jerrys. In: Büchergilde, Heft 2. Frankfurt a. M. 1950

HAUPT, MICHAEL: Alaska-Kid. In: Büchergilde, Heft 9. Frankfurt a. M. 1950

HAUPT, MICHAEL: Jack Londons ‹König Alkohol›. In: Büchergilde, Heft 11. Frankfurt a. M. 1949

HERRDE, DIETRICH: ‹Wolfsblut›. In: Zeitschrift für Anglistik und Amerikanistik. Heft 1, 5. Jg., Berlin 1957

HERZFELDE, WIELAND: Jack London. Martin Eden. In: Bedeutende Werke der Weltliteratur. Lehrbuch 8. Karl-Marx-Universität. Leipzig o. J.

HOUCK, C. B.: Jack London's Philosophy of Life. In: Overland Monthly 84, April 1926, S. 103 f, Mai 1926, S. 156 f

HÜLSENBECK, RICHARD: Jack London – Der Dichter Amerikas. In: Die literarische Welt Nr. 47, Berlin 1926

HUFFER, O. M.: Jack London. A Personal Sketch. In: Living Age 292, 13. Januar 1917, S. 124–126

KRUPSKAJA, N. K.: Das ist Lenin. Berlin 1970. S. 117 f

LENNARTZ, FRANZ: Jack London. In: Ausländische Dichter und Schriftsteller unserer Zeit. Stuttgart 1955. S. 381–385

MARGOLIN, CLARA: Jack Londons short stories. Ihre Form und ihr Gehalt. [Diss.] Heidelberg 1927

MARCU, VALERIN: Jack London, oder der Optimist aus Elend. In: Schatten der Geschichte. Leipzig 1929

MEIDINGER-GEISE, INGEBORG: Zwischen Philosophie und Urlust. In: Die Erlanger Universität. 1. Jg. Nr. 19, Erlangen 1947

MILLS, GORDON: Jack London's Quest for Salvation. In: American Quarterly 7, Frühjahr 1955, S. 3–15

OFFENBURG, KURT: Jack London, der Mann und das Werk. In: Deutsche Republik, Heft 3 / 2. Jg. Frankfurt a. M. 1929

ORWELL, GEORGE: Introduction. In: Love of Life. London 1946. S. 7 f

RECKNAGEL, ROLF: An der Schwelle zu unserer Zeit. Zum tragischen Weg Jack Londons. In: Nation 7, Berlin 1959, S. 490–507

RECKNAGEL, ROLF: Nachwort. In: Jack London, Die eiserne Ferse. München 1973. S. 336–350

ROOSEVELT, THEODORE: Letters. Cambridge, Bd. 5–6, S. 41, 617, 1081, 1221 f, 1343

RUSSAK, MARTIN: Jack London, America's First Proletarian Writer. In: New Masses 13, Januar 1929

SILBERBERG, MARGARETE: Jack London heute. In: Börsenblatt für den deutschen Buchhandel Nr. 27, 116. Jg. 1947

SILVER, G. V.: Jack London's Women. In: Overland Monthly 74, Juli 1919, S. 24–28

SINCLAIR, UPTON: About Jack London. In: The Masses, 10. Nov. und Dez. 1917, S. 17–20

SINCLAIR, UPTON: Der Vollblutmensch. In: Die goldene Kette. Berlin 1928. S. 393–404

SINCLAIR, UPTON: The Press and Jack London. In: The Brass Check, a Study of American Journalism. Pasadena, Cal. 1920. S. 341–345

STILLMAN, LOUIS J.: Jack London, Super-Boy. In: Sunset 38, Februar 1917, S. 42

STRUNSKY, ANNA: Memories of Jack London. In: The Masses 9, Juli 1917, S. 13 –17

UNTERMANN, ERNEST: Jack London, wie ich ihn kannte. In: Sozialistische Monatshefte, Juli 1929, Berlin, S. 602–613

WAGENKNECHT, E. C.: Jack London and the Cult of Primitive Sensation. In: Cavalcade of the American Novel. New York 1952. S. 222–229

WALCUTT, CHARLES C: Naturalism and the Superman in London's Novels. In: Papers of the Michigan Academy of Science, Arts and Letters, Part IV, S. 89 –107

WALKER, FRANKLIN: Jack London. Martin Eden. In: The American Novel from James Fenimore Cooper to William Faulkner. Hg. von WALLACE STEGNER. New York 1965. S. 133–143

WEINSTEIN, JAMES: The Socialist Party: Its Roots and Strength 1912–1919. In: Studies on the Left 1, Winter 1960, S. 5–27

WEISS, GERTRUD: Ja London und Rudyard Kipling. In: Deutsche Woche, 6. Jg. Nr. 3, München 1956

WHARTON, JAMES G.: A Study of Jack London in His Prime. In: Overland Monthly 69, Mai 1917, S. 361–399

WELTZ, FRIEDRICH: Vier amerikanische Erzählungszyklen. Jack London: «Tales of the fishpatrol» [u. a. Diss.] München 1953

WOODWARD, ROBERT H.: Jack London's Code of Primitivism. In: The Folio 18, Mai 1953, S. 39–44

NAMENREGISTER

Die kursiv gesetzten Namen bezeichnen die Abbildungen

ÜBER DEN AUTOR

THOMAS AYCK, 1939 in Hamburg geboren. Studium der Germanistik, Anglistik und Kunstgeschichte in Hamburg und Basel. Essay über Theodor Lessing und Mark Twain. Übersetzung: Mark Twain «1601». 1974 «Mark Twain», rowohlts monographien Nr. 211. 1975 «Gegen die US-Gesellschaft: Gespräche mit Henry Miller und James Baldwin». Seit 1968 freier Mitarbeiter des Fernsehens. Dokumentationen u. a. über «Obszönität als Gesellschaftskritik», «Siegfried Lenz», «Alberto Moravia», «Peter Weiss», «Bertolt Brecht im Exil», «James Baldwin».

QUELLENNACHWEIS DER ABBILDUNGEN

Aus: Rolf Recknagel, Jack London. Leben und Werk eines Rebellen. Berlin/ Dortmund, 1975: 6, 16/17, 29, 112, 116 unten / Aus: Irving Stone, Zur See und im Sattel. Das Leben Jack Londons. Hamburg, 1955: 25, 41, 79, 82, 95, 129 / Aus: Richard O'Connor, Jack London. A Biography. Boston/Toronto, 1964: 101 / Aus: Charmian London, Jack London. Sein Leben und Werk. Berlin, 1929: 14, 15, 44, 53, 91, 100, 119 / Aus: Letters from Jack London. Hg. von King Henricks und Irving Shepard. New York, 1965: 9, 74, 77, 90, 94, 117, 121, 126 oben / Aus: Jack London, Was mir das Leben bedeutet. Berlin, 1974: 18, 21, 106 / Aus: Georg Stefan Troller, Der Abenteurer. Das kurze wilde Leben des Jack London. Gütersloh, 1968: 47 oben, 54, 57, 116 oben, 118, 124, 128 / Deutsches Institut für Filmkunde e. V., Wiesbaden-Biebrich: 59, 89, 96 / Culver Pictures, New York: 34/35 / George Eastman House Collection, Rochester, N. Y.: 107 / The Bettmann Archive: 26, 36, 47 unten, 60 / Aus: Jean Gattégno, Dickens. Paris, 1975: 31 / Historia Photo, Bad Sachsa: 39, 64, 72 / SV-Bilderdienst, München: 48/49 / Ullstein-Bilderdienst, Berlin: 50, 68, 111 / Slg. Thomas Ayck: 58, 71, 108 / Brown Brothers, New York: 63, 87 / Archiv für Kunst und Geschichte, Berlin: 65 / Rowohlt Archiv: 99, 115 / Keystone: 123 / Aus einem Prospekt: 126 unten.

rowohlts mono graphien

IN SELBSTZEUGNISSEN UND BILDDOKUMENTEN HERAUSGEGEBEN VON KURT KUSENBERG

E/X–'76

NOVALIS / Gerhard Schulz [154]

POE / Walter Lennig [32]

PROUST / Claude Mauriac [15]

RAABE / Hans Oppermann [165]

RILKE / Hans Egon Holthusen [22]

ERNST ROWOHLT / Paul Mayer [139]

SAINT-EXUPÉRY / Luc Estang [4]

SARTRE / Walter Biemel [87]

SCHILLER / Friedrich Burschell [14]

F. SCHLEGEL / Ernst Behler [123]

SCHNITZLER / Hartmut Scheible [235]

SHAKESPEARE / Jean Paris [2]

G. B. SHAW / Hermann Stresau [59]

SOLSCHENIZYN / R. Neumann-Hoditz [210]

STIFTER / Urban Roedl [86]

STORM / Hartmut Vinçon [186]

SWIFT / Justus Franz Wittkop [242]

DYLAN THOMAS / Bill Read [143]

LEV TOLSTOJ / Janko Lavrin [57]

TRAKL / Otto Basil [106]

TUCHOLSKY / Klaus-Peter Schulz [31]

WALTHER VON DER VOGELWEIDE / Hans-Uwe Rump [209]

WEDEKIND / Günter Seehaus [213]

OSCAR WILDE / Peter Funke [148]

PHILOSOPHIE

ENGELS / Helmut Hirsch [142]

ERASMUS VON ROTTERDAM / Anton J. Gail [214]

GANDHI / Heimo Rau [172]

HEGEL / Franz Wiedmann [110]

HEIDEGGER / Walter Biemel [200]

HERDER / Friedr. W. Kantzenbach [164]

HORKHEIMER / Helmut Gumnior u. Rudolf Ringguth [208]

JASPERS / Hans Saner [169]

KANT / Uwe Schultz [101]

KIERKEGAARD / Peter P. Rohde [28]

GEORG LUKÁCS / Fritz J. Raddatz [193]

MARX / Werner Blumenberg [76]

NIETZSCHE / Ivo Frenzel [115]

PASCAL / Albert Béguin [26]

PLATON / Gottfried Martin [150]

ROUSSEAU / Georg Holmsten [191]

SCHLEIERMACHER / Friedrich Wilhelm Kantzenbach [126]

SCHOPENHAUER / Walter Abendroth [133]

SOKRATES / Gottfried Martin [128]

SPINOZA / Theun de Vries [171]

RUDOLF STEINER / J. Hemleben [79]

VOLTAIRE / Georg Holmsten [173]

RELIGION

SRI AUROBINDO / Otto Wolff [121]

JAKOB BÖHME / Gerhard Wehr [179]

BONHOEFFER / Eberhard Bethge [236]

MARTIN BUBER / Gerhard Wehr [147]

BUDDHA / Maurice Percheron [12]

EVANGELIST JOHANNES / Johannes Hemleben [194]

FRANZ VON ASSISI / Ivan Gobry [16]

JESUS / David Flusser [140]

LUTHER / Hanns Lilje [98]

MÜNTZER / Gerhard Wehr [188]

PAULUS / Claude Tresmontant [23]

RAMAKRISCHNA / Solange Lemaître [60]

TEILHARD DE CHARDIN / Johannes Hemleben [116]

GESCHICHTE

ADENAUER / Gösta von Uexküll [234]

ALEXANDER DER GROSSE / Gerhard Wirth [203]

BAKUNIN / Justus Franz Wittkop [218]

BEBEL / Helmut Hirsch [196]

BISMARCK / Wilhelm Mommsen [122]

WILLY BRANDT / Carola Stern [232]

CAESAR / Hans Oppermann [135]

CHURCHILL / Sebastian Haffner [129]

FRIEDRICH II. / Georg Holmsten [159]

FRIEDRICH II. VON HOHENSTAUFEN / Herbert Nette [222]

CHE GUEVARA / Elmar May [207]

GUTENBERG / Helmut Presser [134]

HO TSCHI MINH / Reinhold Neumann-Hoditz [182]

W. VON HUMBOLDT / Peter Berglar [161]

KARL DER GROSSE / Wolfgang Braunfels [187]

LASSALLE / Gösta v. Uexküll [212]

Erzählungen großer Autoren unserer Zeit in Sonderausgaben

GOTTFRIED BENN · Sämtliche Erzählungen

ALBERT CAMUS · Gesammelte Erzählungen

ROALD DAHL · Gesammelte Erzählungen

ERNEST HEMINGWAY · Sämtliche Erzählungen

KURT KUSENBERG · Gesammelte Erzählungen

D. H. LAWRENCE · Gesammelte Erzählungen

SINCLAIR LEWIS · Gesammelte Erzählungen

HENRY MILLER · Sämtliche Erzählungen

YUKIO MISHIMA · Gesammelte Erzählungen

ROBERT MUSIL · Sämtliche Erzählungen

VLADIMIR NABOKOV · Gesammelte Erzählungen

JEAN-PAUL SARTRE · Gesammelte Erzählungen

JAMES THURBER · Gesammelte Erzählungen

JOHN UPDIKE · Gesammelte Erzählungen

THOMAS WOLFE · Sämtliche Erzählungen

Rowohlt Verlag

367/18

Ernest Hemingway

Als Buchausgaben liegen z. Z. vor:

Die Sturmfluten des Frühlings · Roman
Fiesta · Roman
In einem andern Land · Roman
Inseln im Strom · Roman
Paris – ein Fest fürs Leben · Erinnerungen
Sämtliche Erzählungen · Sonderausgabe
49 Depeschen
Die Nick Adams Stories

Als rororo Taschenbücher erschienen:

Fiesta · Roman [5]
In einem andern Land · Roman [216]
In unserer Zeit · 15 stories [278]
Männer ohne Frauen · 14 stories [279]
Der Sieger geht leer aus · 14 stories [280]
Der alte Mann und das Meer · Erzählung [328]
Schnee auf dem Kilimandscharo · 6 stories [413]
Über den Fluß und in die Wälder · Roman [458]
Haben und Nichthaben · Roman [605]
Die grünen Hügel Afrikas [647]
Tod am Nachmittag · Mit 81 Abb. [920]
Paris – ein Fest fürs Leben · Erinnerungen [1438]
49 Depeschen [1533]
Die Sturmfluten des Frühlings · Roman [1716]

Gesamtauflage der Werke von Ernest Hemingway in den rororo Taschenbüchern: 2,6 Millionen Exemplare

Ernest Hemingway
in Selbstzeugnissen und 70 Bilddokumenten dargestellt von Georges-Albert Astre
rowohlts monographien 73

Carlos Baker · Ernest Hemingway
Der Schriftsteller und sein Werk · Geb. u. Br.

Rowohlt Verlag

**Eine geheimnisvolle Mordserie in New York -
ein atemberaubendes Duell zwischen
Jäger und Gejagtem**

LAWRENCE SANDERS

Die erste
Todsünde

Mitternacht in New York: In einer Straße der vornehmen
Upper East Side wird ein Mann ermordet aufgefunden. Der
Tote war ein einflußreicher Politiker, der lautstark für Recht
und Ordnung eintrat. Aber dieses Verbrechen ist nur das
erste Glied in einer Kette von Morden ohne erkennbares Mo-
tiv, die die ganze Stadt in Schrecken versetzen.

Der Leser dieses großen Romans um ein Verbrechen und
seine Bestrafung, um den Kampf zwischen Polizist und Mör-
der wird mit Männern und Frauen diesseits und jenseits des
Gesetzes konfrontiert, mit Opfern des Zufalls und der Um-
stände. Er wird hineingerissen in einen Strudel von Ehrgeiz,
Hochmut und Stolz, Sex, Liebe und Leidenschaft.

Roman. 540 Seiten. Gebunden

Rowohlt

858/1

weisse

James Houston

dämmerung

Roman Rowohlt

**Ein spannender, authen-
tischer Roman von harter
Romantik aus der weiten,
bedrohlichen Stille der Arktis. Eine fesselnde Saga vom ewigen Kampf zwischen Menschen und Natur, Liebe und Haß und
vom zerstörerischen Eindringen weißer Männer in eine fried-
fertige, unberührte Gesellschaft.**

272 Seiten. Geb. und als Taschenbuchausgabe: rororo 1855

Hugo und Jane van Lawick-Goodall

Das große Abenteuer: Eine junge Engländerin ist die Heldin eines der aufregendsten Forschungsunternehmen unseres Jahrhunderts. Revolutionäre Entdeckungen – einzigartige Beobachtungen – faszinierende Schilderungen

KONRAD LORENZ:

«Jane Goodall und Hugo van Lawick werden nicht vom Alptraum moderner Verhaltensforscher verfolgt, zu menschbezogen zu sein. Sie interpretieren auf natürliche Weise und zugleich voller Begeisterung das Verhalten der Tiere, weil sie sie so gut kennen. Sie entgehen so der Gefahr, das Tier zu simplifizieren, und es gelingt ihnen, dem Leser eine klare Vorstellung zu vermitteln, wie kompliziert das System sozialen Verhaltens höherer Tiere ist.»

Wilde Schimpansen

Zehn Jahre Verhaltensforschung am Gombe-Strom
Fotos: Hugo van Lawick. 224 Seiten und 52 Kunstdrucktafeln mit 74 teils mehrfarbigen Abbildungen. Großformat. Geb. und als Taschenbuchausgabe: rororo sachbuch 6920

Unschuldige Mörder

Bei den Raubrudeln in der Serengeti
Fotos: Hugo van Lawick. 240 Seiten und 52 Kunstdrucktafeln mit 103 Abbildungen. Geb.

Rowohlt

788/2